心一堂術數古籍珍本叢刊

書名：蔣大鴻嫡傳水龍經注解 附 虛白廬藏珍本水龍經四種（四）

系列：心一堂術數古籍珍本叢刊 第二輯 堪輿類 蔣徒張仲馨三元真傳系列 190

作者：【清】蔣大鴻編訂 【清】楊臥雲、汪云吾、劉樂山註

主編、責任編輯：陳劍聰

心一堂術數古籍珍本叢刊編校小組：陳劍聰 素聞 梁松盛 鄒偉才 虛白廬主

出版：心一堂有限公司

地址/門市：香港九龍旺角西洋菜南街五號好望角大廈一〇〇三室

電話號碼：+852-6715-0840 +852-6633-7949

網址：sunyata.cc

電郵：sunyatabook@gmail.com

網上書店：http://book.sunyata.cc

網上論壇：http://bbs.sunyata.cc/

publish.sunyata.cc

版次：二零一七年七月初版

平裝：十冊不分售

國際書號：ISBN 978-988-8317-46-2

定價： 港幣 二千八百元正
　　　 新台幣 一萬零八百元正

版權所有 翻印必究

香港及海外發行：香港聯合書刊物流有限公司

地址：香港新界大埔汀麗路三十六號中華商務印刷大廈三樓

電話號碼：+852-2150-2100

傳真號碼：+852-2407-3062

電郵：info@suplogistics.com.hk

台灣發行：秀威資訊科技股份有限公司

地址：台灣台北市內湖區瑞光路七十六巷六十五號一樓

電話號碼：+886-2-2796-3638

傳真號碼：+886-2-2796-1377

網絡書店：www.bodbooks.com.tw

台灣讀者服務中心：國家書店

地址：台灣台北市中山區松江路二〇九號一樓

電話號碼：+886-2-2518-0207

傳真號碼：+886-2-2518-0778

網絡書店：http://www.govbooks.com.tw/

中國大陸發行‧零售：心一堂書店

深圳地址：中國深圳羅湖立新路六號東門博雅負一層零零八號

電話號碼：+86-755-8222-4934

北京地址：中國北京東城區雍和宮大街四十號

心一店淘寶網：http://sunyatacc.taobao.com

水龍經序　　　　　　　　　　　　　紫陽雪菴氏珍藏

自鴻濛開闢以來。山水為乾坤二大神器。並雄於天壤之間。一陰

一陽。一剛一柔。一流一峙。如天覆地載日旦月暮各司一職。後世

言地之家囿識廄理知山之為龍。而不知水之為龍。即有高談水

法者。莫不以山為之體。而水為之用。至以之兵之聽令平將婦之

效順乎夫于是山之名獨尊。而水之權小絀。遂使平陽水局之地。

置水龍之真機。而獨會山龍之妄說舉世昏。有若聾晴此非楊

曾以來。未晰此義也古人不云乎。行到平洋莫問龍只看水繞是

真龍又云平洋大地無龍虎莫云。歸何處東西只取水為龍杆着

出三公其言之曉暢條達。在人耳目間久矣。人自不之察耳。

至其裁製拾法。宴鮮專書發揮。未偹卒使學者有同面墻。無徑可

入推原其故。豈不以山之結撰有定。而水之運用無窮。世人若知

水龍作法。盡大地山河隨所指顧。咸可握神機。參造化。故引而不

發為天地惜此秘奧耳。高亦在上哀此下民。亦欲使千古萬傳之

緒。宣露一時。假階下愚。發抒要妙。為後此通人彥士執德前驅乃

目無極之傳。盡泄楊公之訣。于是階乃蕩然大闢其旨。以山龍屬

高山以水龍屬平壤二法判分。不憚大聲疾呼以正告天下有識

之士間亦信之。從來迷謬兹為洞豁。階竊自喜其遭逢之大幸恐

冒陰陽之德。何敢貪天之功。以為己力也。始聞初得師傳時己知

有水龍之法矣。而求之古今誠茫乎無據。及得幕講禪師、玉鏡正

經千里眼諸書。而後入穴玄機若合符節。未幾又得水龍經若干

篇乃歎平洋龍法未嘗無書。但先賢珍重不浪泄于世爾。因無刊

本間有字句之訛。用加較讐詮次成書。編成五卷。一卷明行龍結

穴大體支幹相乘之法。二卷明五星正變穴體吉凶審辨之法。三

卷述水龍上應星垣諸天格。四卷指水龍托物比類之象。五卷義

同二卷而縱橫言之。一二四卷得之吳天柱先生。三卷得之□浦

於宦家五卷寂淨後之我郡夫是五者。或有作者姓名。或失其姓

名其言各擅精義互見浮沉合而觀之則水龍軌度無餘蘊矣以

此水龍為之體而后施之以三元九宮乘氣作用闢之大匠水龍

者揆楠杞梓而三元九宮其方圓繩墨也闢之丹家水龍者鼎罏

藥物而三元九宮其卦爻火候也名材未搆公輸無所施其巧鉛

汞不備伯陽無以運其神故天元心法云云至矣而是書又烏可

少乎經之為名不可漫加即其舊名因而不革實可藏之金匱石

室與青囊狐首蓋垂不朽後之學者苟非有過人之福天牖其衷

未獲觀此書也已尚天啓癸卯後學杜陵蔣平階大鴻氏題于丹

陽之水精菴

水龍經卷之一揔論

此卷專明水龍支幹之理蓋以通流大水為行龍而謂之幹以溝

渠小水為割界而謂之支穴法取支不取幹猶之高山起祖重岩

疊障之中反無真結而老龍發出嫩枝始有結作也篇中主意嘗

以幹龍繞抱取于氣形局形以支龍正息交會取內氣孕育其子

水龍之理論之特為美備蓋大江大河雖有灣抱其氣溯曠與鑒

宅不親斷難下手須于其傍另有支水作元辰繞抱成胎則元氣

內生并大水之氣脉皆收攬而無餘斯大地矣予觀舊家名塚枝

川小幹首尾通流其形曲折竟于轉灣下龍腹穴全無內堂界水

亦得大發其小枝盡處或一水單纏或雙流界抱深藏婉麗毓秀

種靈世家大族所在都有不必盡論外局其禍力己不可限量以

予此書所論不可盡拘然小榦無支其局雖大必須久而後應終

難驟發支龍無榦其效雖捷而氣盡易襄不能綿遠究不若支榦

相狀之地可希求旦夕之功而亦可期代興之澤也然則此書之

義其可廢而不察欵其所重在特朝之水迎秀立穴斯雖正論然

必欲其逆入朝逆猶是一偏之論蓋水龍妙用只在流神曲秀生

動化機目呈前後左右無往不宜順逆去来随方恊應以予眄見

尤以坐向首尾為駕馭有權或左或右未免偏于公位耳若湖蕩

龍法此書皆取眾砂環聚益即倣山龍圖式眈倒星辰之説也果
如所畱局法固大然予徧觀吳楚之間三江五湖巨浸多矣欲合
此等圖式百無一遇今在此説會意云尔必欲按圖索驥求此等
之地而葬之涉于愚矣要之湖蕩之脉亦當深明支榦益大蕩即
名大榦必須其傍又求支水立穴而後發福可期若單取大蕩陽
宅尚有歸收陰墓必難乘接其借外砂包護亦即支榦之法而爰
用之者也至于水龍作用全在八卦三元江湖河蕩其節一也不
精此義縱得合格大地未免求福而反受其禍則又乾坤之秘要
聖哲之心傳而非作此書者所能知也此書作者不著姓名大約

近代人手筆其每篇立論未免尚存流俗之見承真傳正訣猶隔

一山予以支榦之說為水龍畚卷第一義故節取其畚列之卷首

若一℃泥于其說則于真寔之際反致河漢學者尤貴于善說書

也

大鴻氏記

秘傳水龍經卷之一

杜陵蔣平階大鴻氏輯

氣機妙運論

太始惟一氣耳究其所先莫先乎水水之中澤濁積而為土水土震

盪水落土出遂成山川是以山川有波浪之勢焉經云氣者水之

母水者氣之子氣行則水隨水止則氣止子母全情水氣相逐猶

影之隨形也夫氣一也溢于地外而有迹者為水行于地中而無

形者為氣水其表也氣其裏也表裏全導內外全流此造化必然

之妙用故欲知地中之氣趨東趨西即其水之或去或來可以概

知之矣若觀氣機之運者觀諸水川上之嘆亦可以觀宣聖見道
之情矣然龍行必有水輔氣止必有水界輔行龍者既在乎水故
察其水之所来足以知龍氣發源之始止龍氣者亦在乎水故察
其水之所交足以知龍氣融聚之處故經曰界水則止又曰外氣
橫行內氣止生旨哉斯言欲然天地之氣陰興陽而已易曰一陰
一陽之謂道又曰陰陽五藏其宅動靜互為其根陰陽相禪萬物
化醇郭子有云獨陽不長獨陰不成陰陽合德而生成之功偹故
山脉之峙水脉之流各有陰陽水者陽也山者陰也二者交互不
可須臾離也地脉之行藉水以導之地脉之住藉水以止之既能

導其行又能止其止者何也盖外氣與内氣相含二氣相盪而成
物猶夫婦交姤而成生育之功也陽為雄陰為雌陽以蓄陰以
含陽即雌雄相會牝牡交姤之情也故曰陰陽相見福祿永貞沖
陽和陰萬物化生此天地自然之化機也含而言之混沌之體即
萬物統體一太極之妙用分而言之随物付物又為物各其一太
極之育奧也知太極之理則可以語化機之妙知化機之妙則可
以語形象之學矣

　自然水法形歌

水法寂多難盡述略舉大綱繹速感世傳卦例千數家彼吉此凶

行不浮自然水法君切記無非屈曲有清意來不欲冲去不直橫

不欲反斜不急橫須繞抱及灣環來則之奇去屈曲澄清停蓄甚

為佳傾瀉急流何有益　八字分開男女滛川流三派業歇傾急瀉

急流財不聚直來直去損人丁左射長男必遭殃右射幼子受災

進若還水浸心中射中房之子命難長掃腳蕩城子息少冲心射

脇孤寡夫反跳人離及退財捲廉填房興入贅澄清出人多俊秀

污濁生子多愚鈍大江洋朝日萬頃暗供爵祿食五鼎池湖凝聚

卿相職大江洋朝貴無敵飄飄斜出是桃花（一云犯流霞）男女貪滛摇捉

破家又生出人好遊蕩終朝歌唱逞奢華屈曲流來房水朝定然

金榜有名標此言去流無妨碍財豐亦至官真豪邁水法不拘去与

来但要屈曲去復廻三廻五度得顧穴悠々眷戀不思別何用九

星并八卦生旺死絶皆虛說述此一篇真口訣讀者胸中皆透徹

免惑時師卦例言禍無福有須當別

斡水城垣格

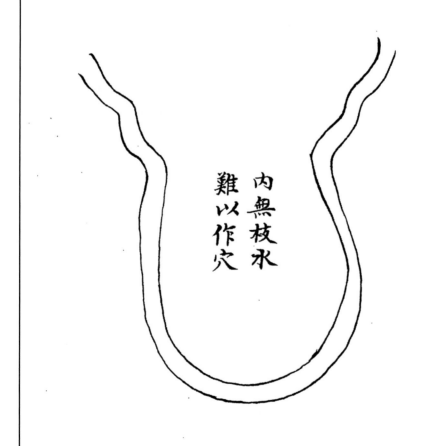

內無枝水
難以作穴

大河大江或從東南來或從西南來中間雖有屈曲處並不見回
頭環繞十里二十里滔滔而來如鴈之飛翯無回頭之勢中間雖
有屈曲決不結穴直至回繞環轉之處如鴈之將止則不必回翔
而後歇泊也至此方是龍脉止聚之處經云界水則止又云界水
所以止來龍若一二十里尚不見水回頭則前之屈曲處乃行龍
處也書云龍落平洋如展席一片茫茫難捉摸平洋只以水為龍
水纏便是龍身泊故凡尋龍須看來水廻繞處求之然水之來路
遠其勢寬大中間雖有小回頭處乃真龍束氣結咽之處決不結
穴直至大纏大回之處方始聚氣然到頭形勢寬大又難捉摸必

須求支水界割何如淂支水揀腹界出內堂砂水包裏不疎不窰

形局完固方為真穴若非支水界割則大水雖環繞終是范~無

以指點益势寬則氣蕩形大則氣散內無支水交袊一片頑皮何

以立穴雖無大害必不發福矣

幹水散氣格

不結

此局幹水斜行似曲折而非環抱又無枝水以作內氣撓不結穴矣

枝水交界格

右前一枝大江自右倒左右後一枝大江亦自右趨左與前倒左

水合流屈曲而去此正兩水合流一水引脉之局又云兩水合出

是真龍～後右來穴倚左局中龍脉寬大却要尋枝水插腹割界

作內局龍俾前後左右朝抱包裹周審方可立穴此局于腹中插

入小水分畀左右重～交鎖三分三合束氣結咽龍脉到頭貞淨

端嚴形勢極秀横來横受向前面砂水灣抱靈立穴以迎曲來水

其福力甚大

支水交界格

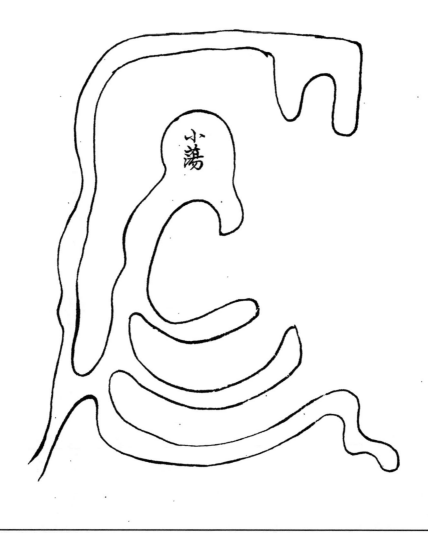

小蕩

此勢受水只從後面右來繞斿武不囬頭即于左邊局後屈曲而

去于後大水去屬揀一枝水上左向前灣弓抱過右邊即收作外

包裹又于左之右又揀一枝水上前分作兩股一股向局後過右

界出龍脉一脉向局前聚水成池其砂水隻隻囬頭于左側此此

橫來側結穴也前有小蕩作聚水堂宜對小蕩正受点主科甲發

貴蓋玄武水雖不顧穴却于左邊局後而去乃真氣也

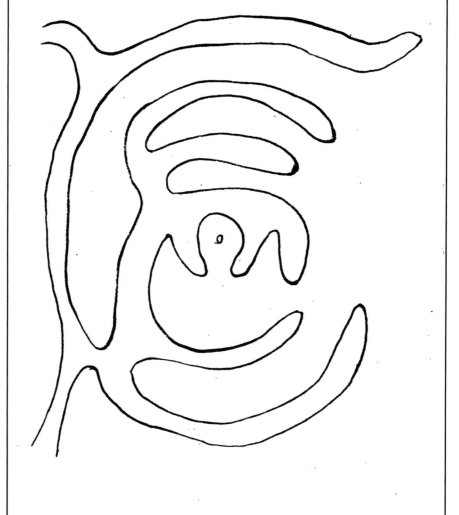

枝水交影格

西南水夾送合東南來水出東北卻于東北橫一枝水分界于左

右作龍虎砂橫夾于前後中間揀一枝水橫界于前左右有金魚

水繞拱于兩間作橫水正受而來水護衛周密三分三合到頭上

氣完固如斯經云水要有分合有合氣方合今此局三分三合而

轉直向南委曲活動畧無硬直之敝主富貴全美若東南屈曲而

來穴中望之如在目前其秀尤佳文翰聲名可甲天下也

支水交界格

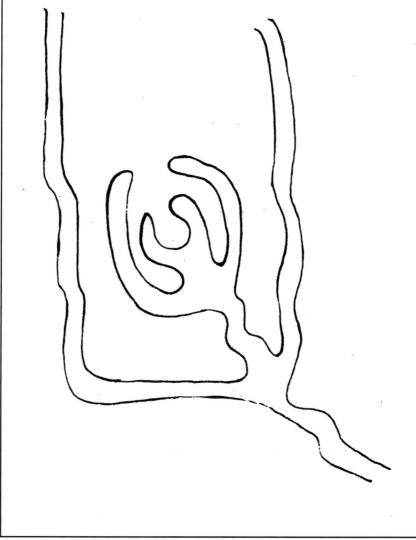

坐下或從東北或從西北橫一枝水上南屈曲一路向左而橫上

一路向右而橫上割界左右龍虎交鎖及抱于坐下成龍虎交抱

勢倒頭成仙人仰掌結仰富穴近來脉立穴取向作回受穴順水

立穴取向為順枝得龍虎砂朝抱于前其秀必遠此二法俱可但

看前後朝應何如〻前有遠朝曲水可迎立向受穴如後有曲水

遠朝或遠山呈秀作順枝穴此勢雖纏玄武灣抱如弓並無分泄

城郭完固局勢周審主百子千孫朱紫滿門若東北或西北一路

水分泄而去其力量便輕矣

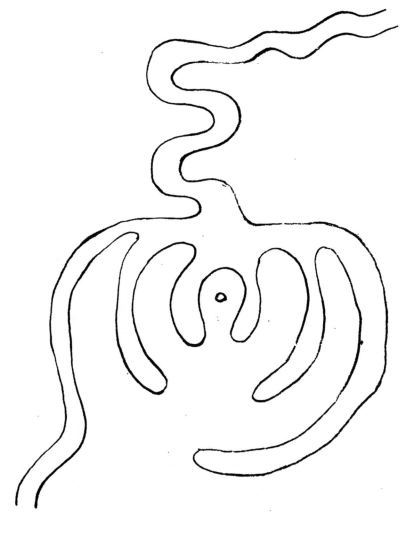

曲水朝堂格

穴前曲水不問三曲五曲周扎整前自右過東就身回抱而去郤

于曲水後分枝割界作重重龍虎分列在左右隻重回頭朝顧如

拜如揖穴後枝水分合三閞四峽重重結咽束氣塊收得此形勢

極為周客秀水完固來水屈曲呈秀來脉尊貴端嚴左右重重衛

護主有百子千孫世出魁元神童宰相若穴前含蓄聚水富堪敵

國若水像左來子穴前屈曲而去其福力不減但為官清貴無財

清白傳家

曲水朝堂格

凡見曲水當面朝來橫過穴前須得就身回抱屈曲而去坐下要

枝水割界兜收龍脉或一重二重三重疊疊遠于穴前後方成體

勢其穴前橫界深水不宜太濶太濶則氣蕩大不宜太狹太狹則

氣促而前朝水前射恐破氣傷洩此地曲水一路單纏兜收脉氣

凝聚大能發福但坐下無玄武水大江遠護乃是行龍腰結非盡

龍也其力量比兩水合出稍輕若得去水在玄武後回頭後坐下

包聚而去更自不全

曲水朝堂格

穴前秀水當面朝來與右來橫水合流倒左就身回抱繞玄武却

回頭望東北而流水來則屈曲去則頑家更得右水交會此與一

水單纏殊覺差勝水交砂會龍盡氣鍾大地也人丁繁盛富貴相

仍凡右水倒龍灌堂則前旁水不得過堂而長房發遲須得右邊

灌堂使曲水溁右倒左則長房與二小房並發若右水是穴前曲

水分泄而去則小房不發矣后主還移過繼或易姓離鄉也

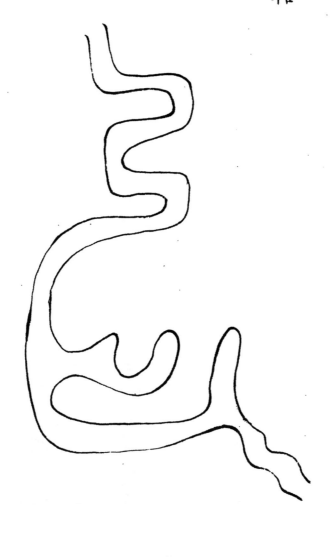

此勢与前曲水到堂繞青龍纏玄武法合前局周密緊促此勢左

來就身夾下稍長而寬龍脈趨歸玄武秀水在前欲就曲水立穴

則氣聚在後而脫氣欲立穴就氣聚處則曲水遠而乘愛不及如

此形勢中間必有枝水橫腹塊收其氣于中局使前不脫曲水復

不脫龍氣前親後倚方能發福而主文翰之貴先發長房後發中

小房更得去水之玄則力量悠久矣

曲水朝堂格

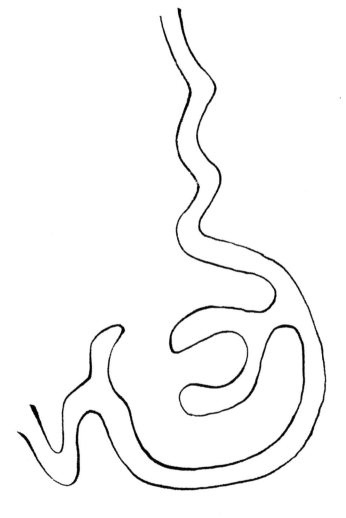

或從左來屈曲到堂或從右倒就身環抱遠玄武而去或從右來

屈曲到堂從左倒就身環抱繞玄武而去其曲處須要如玄字樣

或如之字樣不懈不疎整肅周匝至穴前却如灣字就身透轉包

承于穴后浮此形勢甚佳若形勢寬大中間須得枝水界得脉絡

清奇若局勢周密雖無枝水割界亦可立穴

曲水朝堂格

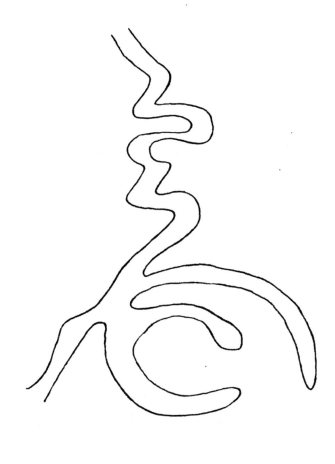

凡曲水朝堂須要摺三整齊厚薄相等不宜東洩西竄如風擺柳

條如風偃草或益過穴或不益過穴忝差錯亂者雖見屈曲無足

取也垣局割界結咽內氣合局点能發福秀但主子孫飄蕩滛逸

愛歌舞輕狂癈業若得進局一二摺水朝抱有情点主初年穩發

行至搖動擺跌處不免退敗之憂矣

曲水單纏格

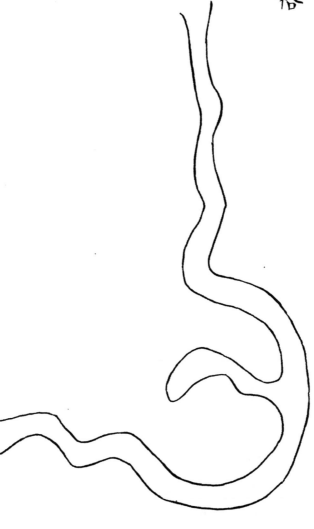

凡曲水朝堂須得三橫四摺如之如玄摺之包過穴塲其轉摺處

不至沖射若來水雖見屈曲東牽西拽固不可用若曲形如繮索

穴前雖見灣抱而前面一路殊非秀麗亦不為吉如此形體局中

雖割成勢而穴之終難發福不冲不破僅可小康若有冲擊或左

右前後畧見分洩必主破壞美遠水如草之字或如展索而穴前

灣抱益得穴過望之不見前面沖射亦主三四十年發福及水步

行至之日即衰退美不可不細辨此圖外局既全內氣復固醫尊

福厚丁旺力長美不可言

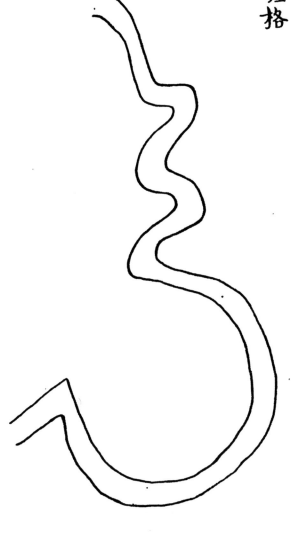

水龍經六卷本（虛白廬藏清康熙稿鈔六卷本丙種）

一水單纏只要屈曲有情或從東南來或西南來摺、調勻不牽、

不淺不踈不窘三曲四曲厚薄同情未即結穴直至廻翔灣遠如

滿月之勢方能成就体面其去水亦要回頭顧家所謂洋、悠、

顧我欲留是來要之玄去要屈曲然屈曲去處最怕如繩索樣曲

不遠即反背走跳亦不結也此水送東南來三五摺到局宇前抱

如滿月前面不厚不踈而獨到頭一曲獨厚而圓淨此水星曲池

穴也浔去水走局不向西北而向東北者真

曲水單纏格

三橫九曲當面朝堂不疎不密不牽不浅曲曲整肅繞青龍纏白

虎回頭顧家屈曲而去中間並無枝水橫界左右堂秉真氣于中

此穴名水星曲池穴三前曲水端肅皆宜正受望曲水立向此名

曲水朝堂纏青龍繞玄武前後左右緊抱拱秀乃大地也賦云為

官清貴多曰水繞青龍發福悠長定是水纏玄武更熹水曲朝堂

水去回頭水法中之寂吉者凡曲池不宜太寬三則氣恐蕩歸玄

武穴難向前受正必有脱氣失脉之患若見寬大必得枝水兜架

方妙此勢主出狀元宰相文翰滿朝三房並秀百子千孫富貴

曲水單纏格

凸一水單纏局內不宜太寬三則氣不歸聚亦不宜太狹太狹則

則氣不運化生氣急迫若局勢太寬必須左右或前後有枝水塊

乘不使生氣蕩散方妙蕩左塊左蕩後塊後又得玄武水遶過

穴後上下包裹則秀氣完固局勢周密得此形勢必大發福若此

勢曲水當面朝堂從左到右繞白虎纏玄武却回頭復從玄武而

去局內左右金魚夾界其氣凝聚是為真穴一水單纏乃為遊

龍戲水

曲水單纏格

凡是曲水左來朝堂不踈不密不淺不側摺々齊整者宜逆曲水
至慶立穴之前一水橫迎曲水合流者湏得小枝水橫界于後方
能收曲水之秀

両水交纏格

兩水夾纏合流而出來見之玄去見屈曲局内繁抱不寬不蕩不

必枝水界割成形只要中間界割束腰收氣則穴法自完固矣兩

水合出前面三五揖屈曲整肅當面曲水立向雖是順水而不至

于直流直去則穴不蜓于順局也龍氣盡鍾而更得外堂曲水有

情明堂内砂如織女抛梭節三帋乗則水雖去而氣自固也主發

文翰清貴仕而无資若局内寬大更得枝水帋挿成局又得水潮

更得回頭砂包裹穴塲穴能發財貴而又富

水纏玄武格

外蕩

局前大水聚于明堂從東南橫架過右抱身纏繞于玄武三曲四

曲而去砂水反關于坐下其本在穴後法當向曲水立向然前有

曲水明堂流神自南而繞点可就水處立向富貴兩美但聚外在

前秀水在後先富後貴若東水自北而南福力尤重代出魁元只

要曲水包裹整齊若有牽拽便不發秀矣左纏發長右纏發小

中房福力悠長大旺人丁

水纏玄武格

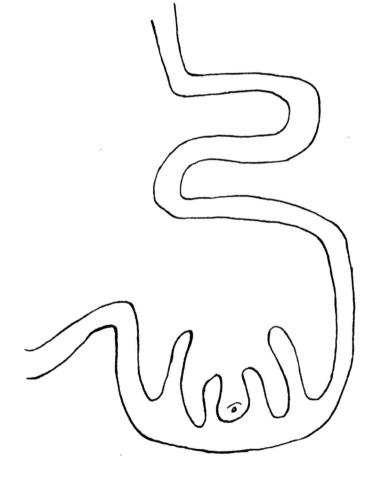

前有曲水三四摺長之朝來就身兜抱局後縱身玄武而去入路

渴結咽愛束氣緊密發福悠長富貴双義人丁蕃盛雖二三百年

不衰

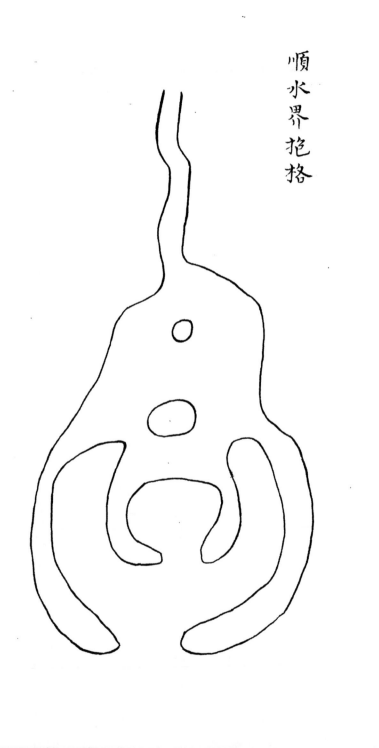

順水界抱格

一片大砂周圍曲水團聚中間却插一枝水屈曲直至大砂中腹

或分作兩路割界于左右裁成龍虎砂緊于穴外穴前蓄成一河

蕩或五六畝或數畝渟聚于穴前雖元辰向穴前出去然得屈曲

如之玄不見直流又得聚蓄不洩則其形勢尤佳不可以元辰水

直出而棄之也点主發福一二紀財祿不甚厚人丁雖盛而不

秀小貴而已河蕩中得一砂蓋過不見前水出去乃為可貴如无

小砂蓋過三四十年便見退敗

水纏玄武格

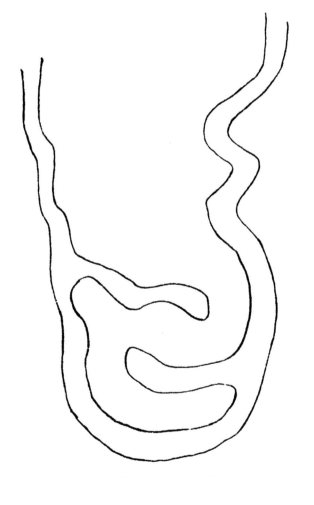

曲水當面朝來不厚不薄揖三整齊或左右就身環抱從玄武纏

回而去此勢極秀若貪抱緊夾不寬不狹法當湊前曲水中立穴

若就身環抱寬大深長則湊前立穴恐真氣刼洩于後雖得親就

曲水而失氣脱穴亦不發福即當于曲水後求枝水兠揷在于何

處若兠揷中間法宜立中穴塊揷于后面玄武前宜立穴坐玄武

水作回受穴亦要穴前望三得曲水雖遠如在目前乃妙如局內

別無枝水橫界須以人力為之無使真氣刼洩脱氣但要迎受得

秀水着耳經云曲水朝堂秀而可穴纏護緊密湊迎三折若還寬

大發福必遲

水纏玄武格

凡畫受穴多是水纏玄武俗師云坐空割背者妄也只要夫源流水
送東向西左右得枝水挿腹重三色暴割界結咽與夫分合清奇
其福力尤大若從右邊來繞玄武出東南去北繞青龍者稍輕以
水向東流者常也媸于順水若送西南向北轉繞向南而出東龍
穴向朝西得水繞玄武其福力與繞青龍纏玄武相仝以逆勢也
百子千孫富貴三百年不衰前有朝陽遶偉其秀尤美朱紫滿堂凡
玄武水纏湏得數百步之外便灣抱拱夾仰斫而去方顯正格若
畫前涓涓橫架而去不見回頭此穴不可以水纏玄武論也水纏
者遠也廻遠灣抱之謂也

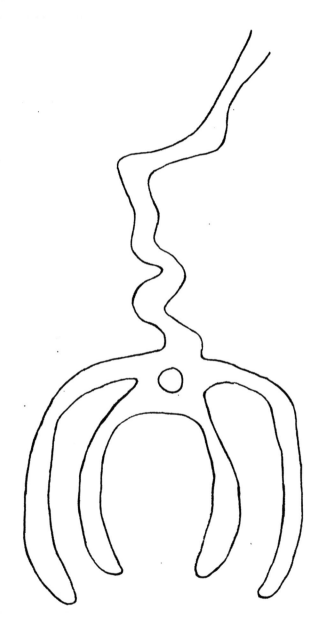

順水界抱格

此勢与前局全但無蓄聚水涵于穴前若明堂無聚水却得前面

枝水到堂三四摺如織女抛梭東西包裹砂頭隻隻抱護雖無蓄

水因其曲秀反主發貴丁財六盛

順水曲鉤格

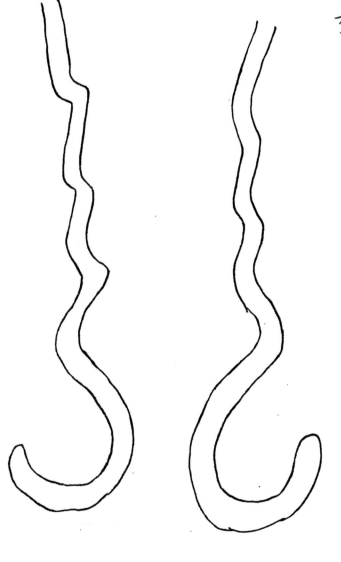

曲水盡勾有兩势有曲水橫來到頭却于盡處作仰勾如勾有曲

水直來到頭却于盡處作抱水勾势此二势俱可立穴但要水來

曲屈不踈不密不牽不拽摺摺整肅或迎曲水來處立向或張曲

水作朝或盡勾盡處立穴主少年魁元奕世貴顯文章名世鼎盛

一時

曲水倒勾格

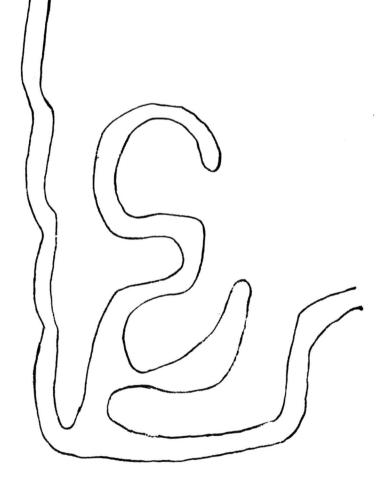

青龍有水屈曲就身抱纏玄武回頭顧家而去此繞青龍纏玄武

势也却于玄武插一枝水摺直至腹中作一抱水勾形穴之亦能

發福穴前雖無吉秀砂水朝應而水脉自坐穴後來氣脉完足丁

財極盛貴而悠久亦佳格也

斬氣迎朝格

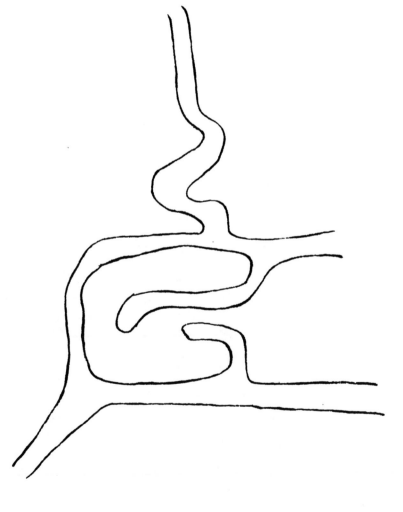

大江大河于前或有大江遠、屈曲而來與大江橫架水交會其
交會之處益無枝水收受蕩散龍脉似難立穴却于數百步之後
又有一水橫界中間有枝水漸進腹中如勾如仰掌或勾左或勾
右與曲水登對雖遠數百步望之如在目前即于此處斬脉立穴
以迎前朝曲水之旁名斬氣迎朝穴点主後福發二三代福力但
不悠久耳以龍脉未盡故也若得左右夾界重密玄武水仰抱如
弓福力必大且久也因朝遠而不就故發應遲数十年後方發
、則暴而盛以大江势大故也

斬氣迎朝格

曲水遠来到結局竟横架而不見回頭�驮〻此本入懷反跳之勢

理宪可取然曲水三横四曲摺〻整齋不牽不拽斜竄其形势秀

而可愛若得有技水挿入秀水之後灣抱如勾水局又得枝水挿

入于後仰墼如勾其龙脉雖未止歇却于交鈕處斬氣立穴仰

乗曲水之秀㸃能發福曲水近在目前只發二三十年遠在百步

之外三四十年始發然一終是曲水反跳不淂歸元就身富不過萬

金貴不過三品兩代即衰入籍他州㸃出魁元

遠朝偉秀格

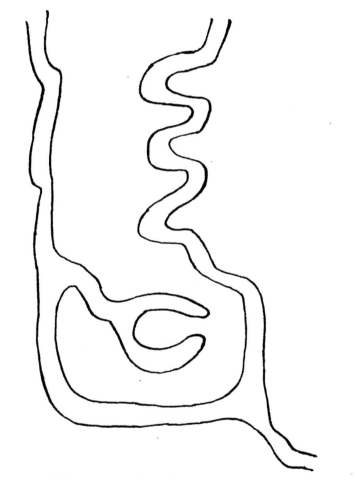

曲水朝堂從左轉右灣、就身遶轉却又淂客水從東來纏玄武

与曲水合于局後此么雨水夾成勢而曲水之內並無挿架成穴反

于客水挿一技水横架于曲水之後乗受曲水之秀所謂以孝接

旀名曰邀偉主移居易姓或贅遇房發大貴或遠卿冒姓冒籍

發科甲或于四東遠疆立功業或文人立武業武人立文業或于

他途立名者有之然局勢同密氣完固 衆主人丁蕃盛累代不絶

遠朝偉秀格

凡遠朝偉秀須淂曲水當朝堂或倒左或倒右本局无枝水插界

戒形却于他方外求插下割成金盤仰掌勢托于曲水之下点名

偉秀然穴後又得一枝水包乘于玄武与曲水合後作一路而去

則水口當以曲水為主若後面界水不淺与玄武曲水合深則水

口當淺本穴枝水去處論去水屈曲回頭交鎖纖結不至滲漏方

為大地其水去處雖不屈曲亦不為害蓋本枝之水乃㲼之元辰

而曲水乃客水也不過邀客水之秀以發福耳其流之曲直无預

于本㲼之氣但要坐下元辰水去得屈曲為貴此等當以過房

入贅或他途絆籍登科也

流神聚水格

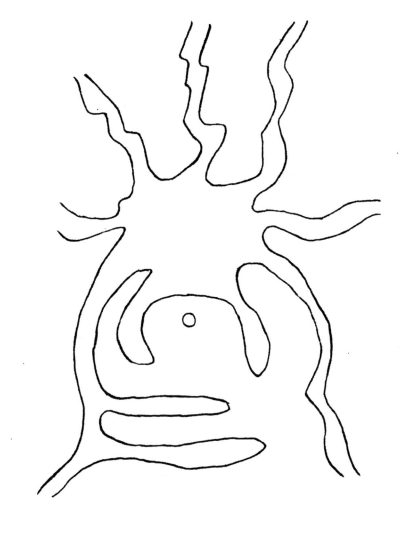

凡是兩水夾來隨龙交合于局前其水多遶明堂前直去人皆指
為順水地順水龙豈知結地水未有不向前去者只要去得屈曲
見直去点為吉势局前点宜蓄水不至径來径去為貴耳盖
澌而後流積而後淺雖去点不害其為吉也若局前无池沼蓄積則其
去水无交鈕向前直去其所忌者惟此耳若三橫四曲顧我復流悠
揚眷恋似不惡去此正為顧家水也前顧家者其發近而速後顧
家者其發遠而遲其与過穴返出相去遠甚豈得以順而棄之哉

流神聚水格

十八格惟水聚堂第一蓋水為財祿富貴之樞機故水神渙散無

所收拾者不唯不發亦主敗絕是以古人論水不曰蕩然直去則

曰水無關闌務得局前水聚蓄為吉壞凡執左右砂頭朝抱而

前又見眾水朝流聚積成蕩只通一路或纏玄武或過青龍此來

多去少所謂朝於大旺澤于將衰瀦而後洩之勢也垣局周密眾水

聚堂成十全之大地主百子千孫朱紫滿朝三四十紀之福長中

幼三房並發但蕩不宜太寬太寬則眾人之水非我一垣之水情

不專而發福亦不專矣

元辰水從穴後分開左右兩路隨龍向穴前合衿當穴前而出卻
聚成一河蕩左右砂角隻隻朝抱蕩中間小砂或員或方或長橫浮
水面交鎖關闌㸃不見水口冲射雖是元辰水向穴出流而聚蓄汪
洋与元辰水直出之勢大相懸絕主大富大貴福力悠久若穴前
湖蕩中元砂角攔截㸃不為害只要左右砂嘴左右拱抱為佳不
可以元辰水直流指為順水也賦云元辰水當心直出未可言凶
只要湖蕩蓄之橫案攔之乃吉

流神聚水格

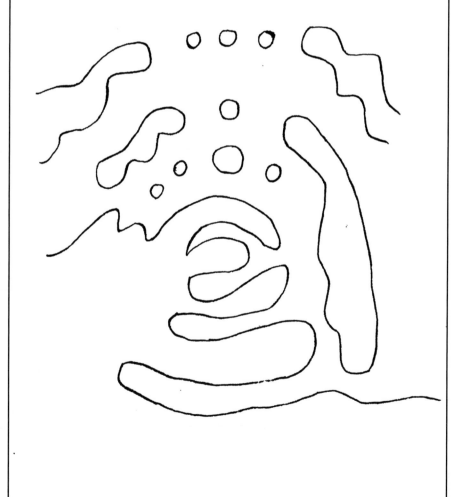

此亦類湖蕩聚神格而本无穴後界水多内氣足与一片平坡著

不全

流神聚水格

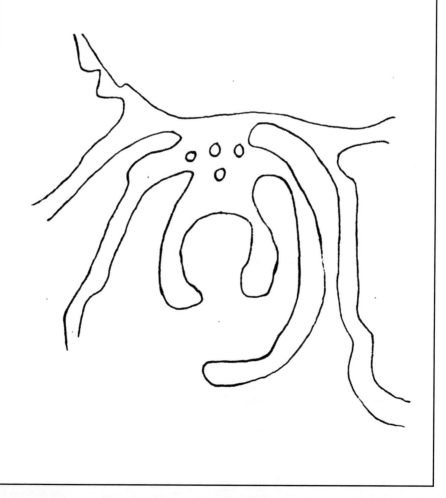

此勢水聚明堂兩水來拱于左右与前横水合流過左或過右只

通一路出去穴前蓄水聚池蕩于恒城聯珠串作內明堂龍虎重

重拱抱穴大地也局前雖朝陽揖拜只要下砂逆水揷得緊密似

不容水神流去則精神凝聚而不減于衆水朝堂之局也仕而

多資但科第不獲名魁僅可腰金以穴前無秀朝揖拱故也內外

堂有三兩重關鎖穴主三四十紀福力二三代榮華子孫滿堂過

二紀后貴雖不大而財祿豐肥因水靜專而不蕩淺故悠久耳

經云好水如弓上弦好砂如僧坐禪此言水欲其灣抱砂欲其專

嚴端正也 又云水要灣環如玉帶形袍身廻繞坐專城 又云

內水如勾外水如帶堂氣完固立伯封侯碎金賦云砂要裹砂穴

不破水要纏身氣自全若外如帶而內直長下鈎向于內此外是而

內非書云來不結咽真氣散令此地局前界水灣抱如滿月形左

右水又見就身繞轉其外堂垣局周密坐下左右環拱勾摺結咽

前合流分思砂還氣朝顧有情穴之主百子千孫福祿悠長公位

均平大格局也

一水橫攔格

書云穴看左右鐸水看左右砟三陽看城郭明堂看四角此格穴

前水環抱如弓如帶或從左來貼身或從右來貼身縈夾兜收並

無渙散中間雖无枝水揷界氣亦完固若或寬大必須挨水收聚

浮此形勢穴之主發福悠久若局前更有曲水或繞或近悠悠

揚*朝揖于前不問左來右來俱為秀局主翰苑聲名之應左秀

倚左發長右秀倚右發小左右均平則三房均發

一水橫攔格

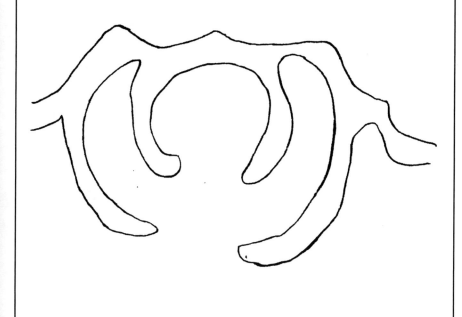

腰帶水左右砑下緊夾包裹其水城形勢泒界龍氣有力經云界

水所以正来尨若大橫界而左右不就身環抱点不為妙書云

水隨左右砑穴首左右鋒令局内縈身金魚水分合穴前回頭拱抱

後有結咽前有包乗砂回水就誠美勢也書云砂要回頭水要

就又云好水灣環巧如帶此勢局前水環抱如帶此水法之

寂佳者當面若有小反点不為害可以人力改圖或内堂左右各開腮

水挿進作内蕩則不見其反矣此地三房均發福力悠久數世不

界水前抱格

此勢局前支水揷入包抱左右砂氣縈拱似乎有情然一湖

蕩在坐下砂角双二飛散則前氣雖収後氣不蓄前為

外氣後為内氣外實内虛此等地儘發小財終无大福

界水外抱格

此勢龍虎重：朝抱局前灣環如弓此形勢之美者然穴前左右

砂角硬直無情外形可觀內形似覺單纏不可以硬直而棄之

也賦云內直外勾儘可剪裁以工力掘去直�доб便成灣勢開睜亦

大地也

亦名双盤龍势

砂水團雲勢有双盤龍単盤龍凡盤龍結穴湏砂水團繞周旋委

曲如雲之圍繞方成盤結而氣聚不散也若无委曲盤旋之勢雖

回頭朝應非盤龍結也此勢双盤而左右客砂重々盤曲旋繞如

雲之護日凡盤龍結穴多結在局中必得蓄水于內明堂或小砂

点應方佳得此形局發福最悠久以盤龍之地无風吹水破之患

故也雖穴不盡真縱不大發亦不大敗房々均匀貴而不驕富而

不吝男女貞潔風聲可愛于孫守節而不濫或有被徵召而不仕

者皆氣脈潜藏之應也

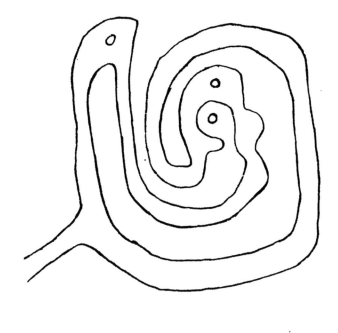

湖蕩聚砂格
双盤龍勢

凡砂水團雲勢多結盤龍穴一條水入一條水出周圍盤結皆在

局中結穴處須要水寬聚成湖澤其中涵得氣脉溶活方妙不然成

裹頭城矣聚頭名巾帼水穴氣窘逼不得流通反成絶地經云山

囚水囚屬王戚侯盖其義也此圖穴前湖澤汪洋縈而不逼穴之

自能餘福予孫悠久更出人孝弟性巧聰敏或干功範中成名發財

以盅未旁曲也

湖蕩聚砂格

前後各有長砂橫架左右各有直砂包裹中間却得小横砂或三
四畝或七八畝並无枝水揀界藏于衆砂之中右右直砂角三回
頭勾格邑抱左右前後水雖四穿八達穴中視之毫无滲漏正如
車輪之湊合團簇周密衆砂歸向不敢反背則真氣聚矣凡看地
先要看左右前後朝向何處若隻三面頭向于內即于中間尋中
正不倚或大或小處求之若有反背砂或向内或向外或反跳即
非真氣所聚之處不必求穴全在目力之精心思之巧体察其情
實見得其真方无窒漏矣

湖蕩聚砂格

湖泊之處多有小砂或二三十塊或一畝二畝五六畝團簇抱聚

中間包含湖蕩其砂点点印于水面若浮鷗泛水小砂之外却有

長砂周圍包裏小砂于其中左右前後見水穿漏而外有大砂長

砂繞包裏不見缺方成局勢却于中間小砂認出一中砂頭圓

端正肅而前後左右小砂雖零散而實朝頂攅簇擁護不遠不

近不踈不密其外面更得大砂灣抱周密完固者此大局也其力量雄

盛誠大貴之地若中間雖有小砂而不得湖蕩含蓄其秀不顯露雖

發則而富不甚厚出文翰詞林之貴但小砂不要鵝頭鳥頭方妙

湖蕩聚砂格

湖漢之間反浙直等處地最低薄古時開闢田地多是填低就高

各曰沙汰以成田故多小砂攢聚成勢之穴然多大小不均橫斜

不齊零散而圍簇者少凡是此等地面小有結穴者湏要隨砂詳

審砂頭朝向何地若見攢簇整齊不踈不密使去群砂之中尋得

中立之砂四顧有砂包裹不覺露風藏聚含蓄此地極佳主百

子千孫富貴悠久朱紫滿朝之應其穴向當視小砂中處之向內

得水正面迎受方羡若小砂多而大砂遠抱終恐近身穿漏必得

穴砂左右有貼身金魚水縈抱以護漏風則氣益固矣

湖蕩聚砂格

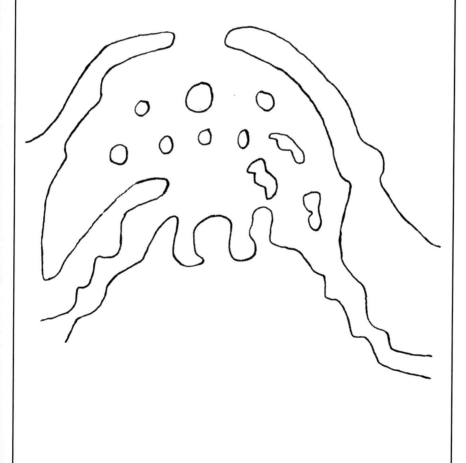

積水灌堂聚蓄成湖或一二頃或入九十畝却于穴左右起沙條

三夾身逆水揮出護衛區穴或四五重六七重双三回頭朝拱形

如勒馬其力量最重是大地也世人或以擾亂散漫過峽束氣不

清而棄之惧矣

湖蕩聚砂格
点名踢毬势

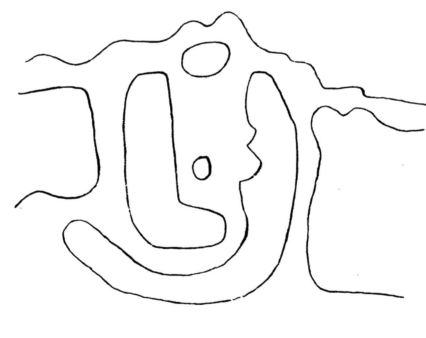

砂形勾踢如馬蹄如靴頭如皮刀口宮砂包纏于坐下穴前蓄聚

來水成湖一水單纏玄武左轉兩砂自相包裹垣局完固並无水

割穴大地也水自右來穴宜右迎水堂局端正不覺斜側穴宜正

受湖澤方佳雖无益砂照應穴吉若聚水直長必得水中小砂照

為美益明堂水喜橫長如鑑不宜直如竹也主富而且貴子孫代

三榮顯若玄武水倒纏入明堂竟向前而去穴宜橫受方吉

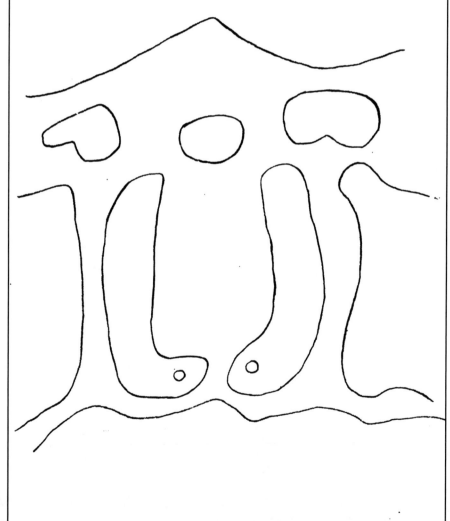

湖蕩聚砂格
凄踢毬执
又名鴛鴦鈎

內張河蕩左右兩砂相顧中道過穴双〻回頭若內蓄水長直須

淂盞砂護覆不見明堂水直長方妙左右兩砂各自結穴故曰鴛

鴦勾勢其形皮刀靴嘴相似當就灣處扦之轉身向上方有力

若側扦之則不發秀美此地主科甲聯芳但初必先主因財致貴

或納粟奏名後發文翰貴主腰金官〻相見左穴先發次房右穴先

發長房多生孝弟忠信于孫繁盛悠久若扦穴太進則氣散而不

收難以發貴兩穴全斷

湖蕩聚砂格

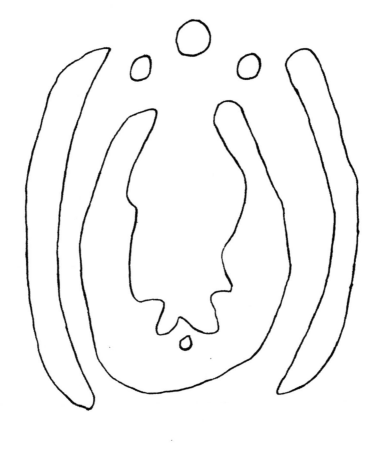

凡羣砂輻輳有五勢有穴聚水繞砂朝應者有水聚明堂近砂者

有面遠砂拱衛者有本身綿長直出湖蕩外砂遠應者有湖蕩中

羣砂圍繞自相輻輳者有羣砂内聚而外有大砂包裹者皆大地

也此局水聚于明堂渾近自砂襯貼前有湖蕩而遠砂拱夾外砂

拱水外水夾砂其局勢更妙更渾穴前或遠或近有砂呈秀富貴

極大若在右拱夾雖多前面無砂作應則堂空无物富而不顯

湖蕩聚砂格

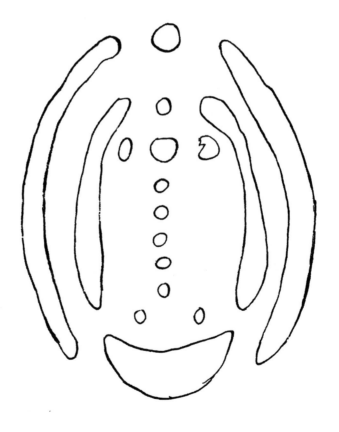

蕩泊之處多有結穴如波心蕩月如雁落平砂又如浮鷗点水

審而穴之無不發福

湖蕩聚砂格

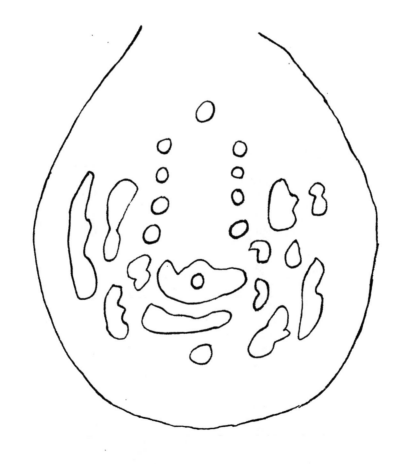

洲泊河蕩之處一望无際中間或有小砂數十塊或數百塊大則

五七畝小則二三畝或蘆間草渚團簇于一處却于中間求着内

有大砂或十畝二十畝浮支水揀界縈身包抱左右小砂或長或

短簇擁圍聚如蜂之浚王隻三回頭向拱小砂交鈕如練之聯屬

重三疊三不見穿漏坐下迎局有橫砂以攔于浚穴前小砂点三

如鷗浮水橫列如排班倚列如衙若直列如亂雜倒轂圍列如屯

軍西師有此形勢主威震邊疆或統軍大將或割據一方或分

茅立伯若前有倒旗反砂主出強梁之人

湖蕩聚砂格

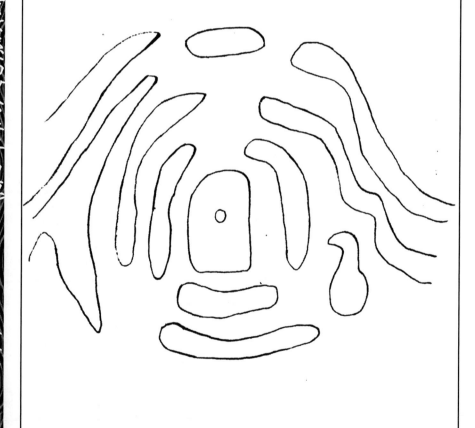

河泊之穴多有羣砂團簇或遠或近四顧朝應中有一砂端肅嚴
整中處望之左右前後各有長砂抱之隻二回頭顧穴如大將之
坐營而衆軍之執戟屯列也如官之坐而吏卒之排衙唱喏也四
畔俱係潮蕩相去或半里一里視遠若近而羣砂紛紛拱衛如在
目前如拜如俯如揖如伏礐齊震肅而空穴有橫砂架攔于後不
致滲漏如此形势主立伯分茅富堪敵國百子千孫萬福悠久点主
子孫孝義世出忠良

湖蕩聚砂格

群砂輻湊眾水眾堂左右各有長砂二三重抱衛于兩旁砂頭向

堂回顧不硬不直又不背坐更得托坐于後中間有一支水界出

龍虎坐實中立向前遠砂左右趨堂勢若排衙如拱如揖中舍湖

蕩外有遠山或長砂為蓋照湖蕩寬濶中有小砂如星如月即于

水中排列如展班有此形體格局之勝者也主富貴綿遠出宰輔

產英賢千子萬孫世所罕見

湖蕩聚砂格

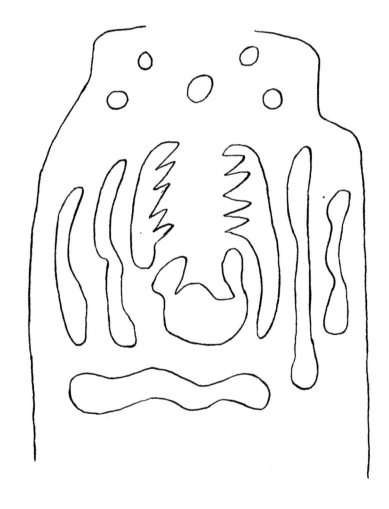

大湖大蕩數千頃于中間突起二三片大者數百畝小者五六十
畝圍簇拱聚兩三相顧洲角堺收隻三回顧如眾犬之聚食于槽
者然即于中間審認何砂端正尊嚴有无枝水界割局中間如
有界割支水結咽分合件三明白的有明証便看明堂左右朝抱
如何若見朝抱有情蕩水收進蓄于穴前作內明堂局前更有遠
砂益照湖蕩雖大面局前視之不覺寬闊蕩散垣局周密乃大地
也穴之主富堪敵國貴並王矦分茅列土貴專一方以湖蕩中精
神獨擅而人不得分受之故也並以砂水朝揖之多寡而定世代
之遠近朝拱之砂愈多愈妙

湖蕩聚砂格

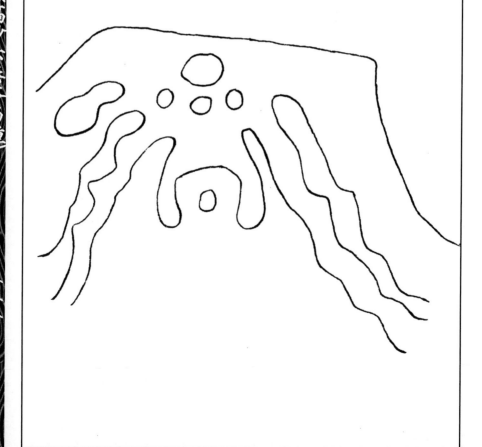

此勢前面湖蕩或千頃橫益于前局後曠蕩無頃又得

支水橫界成局穴前再見小砂益照不致蕩散寬闊則

精神完固穴之�
不發福凡此等地不必問水之去來合法

只當審氣之聚止何如耳主富貴並美福力不可量也

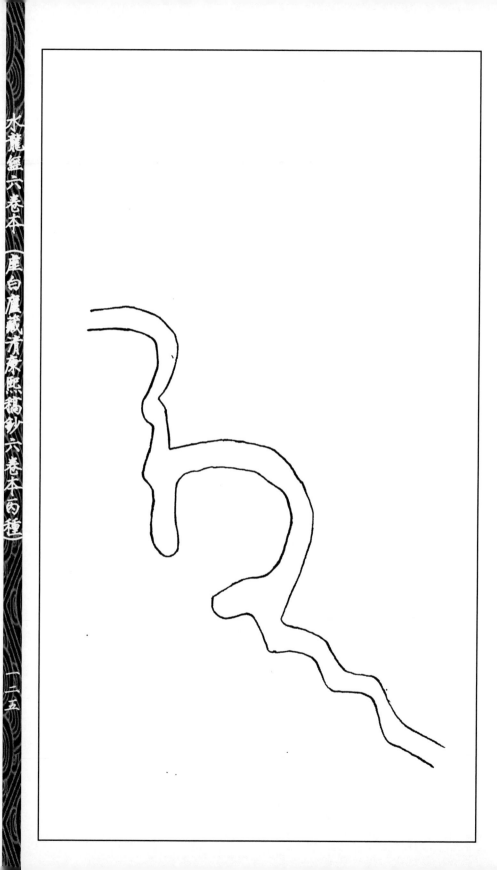

凡水来去要朝抱就身尤要灣環委曲来要之玄去要回頭纏続
此勢穴前左來右抱就身似為可穴然形如之字雖見屈曲而势
如拽索斜曲不秀謂之斜來則可謂之朝堂是非也其右邊去水
雖見就身扎局不遠不反跳斜飛更不回頭頹家則去水似是而
非其貼身左右支水撚裁割如画穴之僅可暫發不能悠久若誤
認水玄如帶是得一而癈百也蓋水城固要圍抱而来去心宜朝
拱書云来拽索曲而斜此處莫安排又云水若回頭頽頹家水若
頽家心必破觀此而水之去来可例明矣

来水撞城格

此水或左來夾身，逆右砂下，或右來夾身而從左砂下穴前水如
弓如帶，其左右又有枝水合界，拱夾于兩旁，其大形大勢似覺
凝聚成局可觀，若明堂左右有曲水朝來照穴，此地甚美，使局前
雖有水來而直來，如箭畧無屈曲情況，則穴中之氣又被直水射
散書云，來如箭紋，身繡面，雖發財祿子孫必有編配之患，若右來
左去，左來右去或左右俱來而穴前分作兩股流出一直如箭遠
去，更無池湖收蓄，尤為不美，見此形切不可以左右枝水夾抱可觀
而穴之也，絕人敗家悉由于此，學者知之

曲水斜飛格

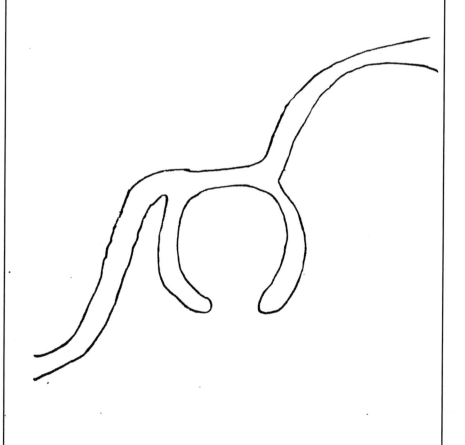

凡水界龍來要就身宜貼体過穴而斜飛為斜流謂其不衛穴也

遇穴而反跳圍為跳謂其不就身阼下以衛區穴而却于穴前反

跳而去更无屈曲回頭朝過之情雖得一邊圍統而一邊反跳則

穴氣已淺反跳之慶走洩矣邊聚邊散氣不融結雖或發達亦不

悠久賦云水總過穴而反跳一發便衰若水自橫來過穴而反

圍是左右俱不淂水抱雖有支水兜收全不眾氣穴之必敗經云

來不揖穴去不拜堂敗絶之藏正此势也左跳長房當右跳小房

絶

来水撞城格

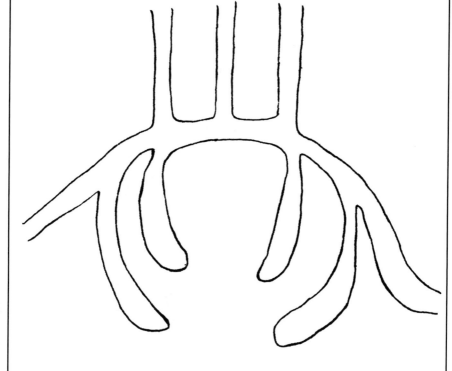

此穴前水灣抱如帶左右龍虎繫夾護送形端局正似為結地然

向前明堂水更得屈曲而來方妙今此地向前有一路二路三路

水直冲穴前為金吾箭書云直則為冲曲則朝此水直來撞城

其福最亟書云一箭一男死二箭二女傷箭左損長箭右損小箭

中損二若見斜冲主子孫軍徒又曜殺方主刑戮甚而至于絕嗣

穴前有此直水或必得池湖受之或橫繫遮之差能免禍賦云為

人無後多目水破穴心是也

罗水 無情格

凡看須要左右砂水朝抱回身向堂局青龍如勒馬白虎似眠弓

書云大地却如羊見犬隻隻回頭轉正如主人在座而僕俊之歸

向四而環遮如星之拱抱也若龍虎直出無所灣抱若形如推車

謂之无情書云却如伸去推車形砂不回頭堂氣散即今此地龍

虎直去不見回頭其明堂雖見聚水而左右砂頭直去則水点不

舍蓄美堂氣不聚堂氣不固美書云龍虎 所以衛區穴既不回

頭其内堂豈有生氣邜雖内砂似勾点不足取時師見有龍虎

堂不冤其情何況便從指点未有不悮人矣賦云内勾外直枉劳心

可不審哉

眾水無情格

青霆經曰檁㩱反張手足握拽敗絕之藏又云官不供職鬼不還

氣忤逆之地穴之主父子分居兄弟別離書云砂分八字水斜流

田地不留坟是也

界水無情格

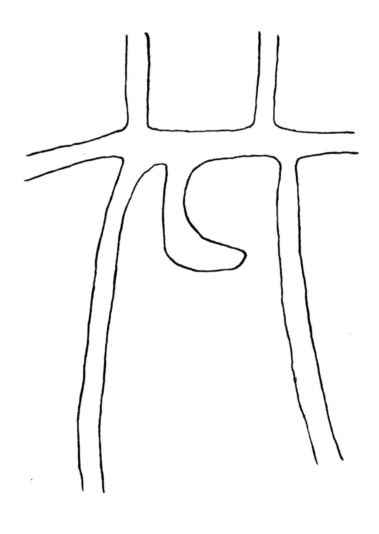

言平地與山龍不全只要水来抱衛其左右前後宜委折屈曲向

内就身回繞凡見直來硬逼不顧堂局大凶也其雖有支水勾灣

尒不宜指点賦云蕩然直去無關其内豈有真龍訣云水能界

生氣灣曲廻繞者界生氣水也蕩直不顧家者散生氣也經云生

氣盡從流水去正謂水直去故也南來北去東來西去一直如箭畧

無回頭朝顧之情若書井字様如画棋格中間雖有枝水插界尒

似是而非也穴之雖畧有財久之出人横暴主有流徒之患竹逆

不仁貪敗絕嗣瘟疫自刎皆刖硬之氣所致也

秘傳水龍經卷之一終

水龍經卷之二總論

此卷專言水龍貼體吉凶形局而入穴星体已森然羅列于其中

此水龍肯綮扼要之書也然不著作者姓名言都俚俗而我以為

此必楊公真本千年以來師~相授之秘旨也欵開卷先言五星

而五星之中惟取金水土三星為吉木火二星為凶此与山龍有

異山龍有火星起頂此点即結真穴点有行龍穴星皆木星結体

弥見貴秀水龍則一犯木星立見災禍推原其故揔為水形喜柔

荏而惡剛強宜轉抱而忌冲激金水柔荏而土形轉抱与木火之

剛強冲激者情性判然矣是以五星既別而即繼之以繞抱反跳

散氣漏風蓄聚分飛諸格辨之寇詳灬即五星之爻体而引伸觸

類以求詳之者也夫先明支榦之義則行龍之体格大署已定繼

明五星之正爻而后入穴之作用淂其主宰掌握自由學者荀有

意于楊公之術能于是書深切而体驗之水龍之道思過半矣過

此以往三元九宮之法庶幾其有逢源之樂乎大鴻氏筆

秘傳水龍經卷之二

論枝幹　大水汪洋是幹龍

支龍作穴出三公

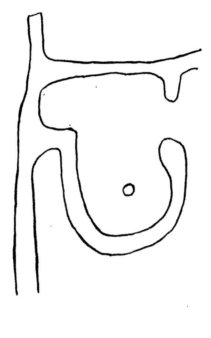

技龙作穴須長久

幹龍氣盡不須求

論五星

金星變体

覆釜金星水養身

子孫富貴足金銀

右金小房興

左金長房發

金星如玉帶此地真無價

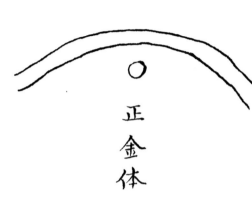

正金体

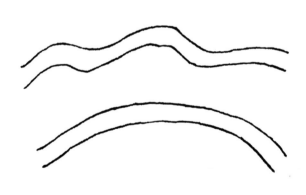

横水過宮
金城抱穴
若扦此地
富貴不歇

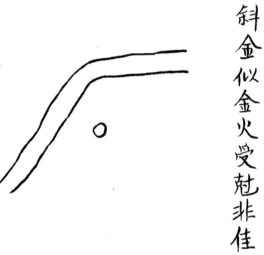

斜金似金火受尅非佳

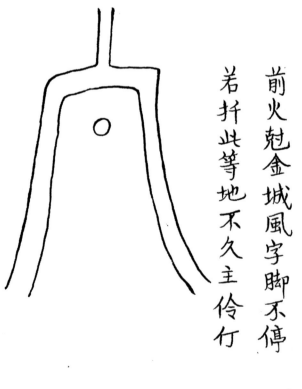

斜金似火焰前穴

半貧半富賣田宅

前火尅金城風字脚不傳

若扦此等地不久主伶仃

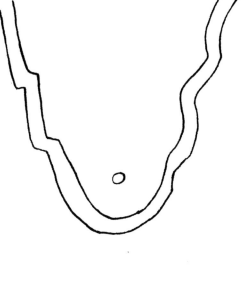

此水名為犂頭形一黻火燒貧

金城右反弓
小子必孤窮

金城左反弓
長子必離宗

金城反弓逃走貧窮

水入金城 富貴多丁

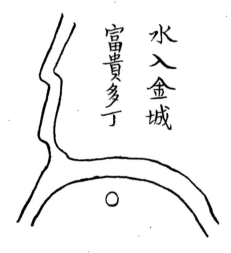

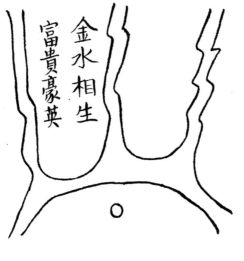

金水泛濫
風聲可撼

金水相生
富貴豪英

金星木來撞
子孫家傾蕩

金水得地子孫富貴

木撞金城
子孫伶仃

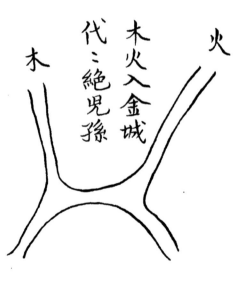

木火入金城
代三絕兒孫

火

木

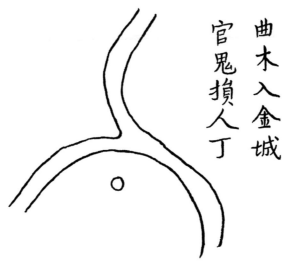

曲木入金城
官鬼損人丁

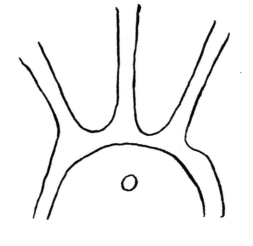

殺入金城窮敗無丁

火尅
金城
賊盜
病瘟

中細即成
尖形故曰
火尅

二火来尅金
灾星日三临

火金相刑
敗絕無丁

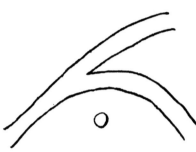

全上

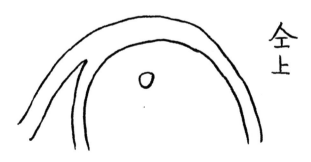

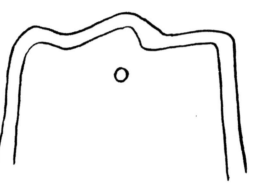

水星得地金屋富貴

土腹
藏金

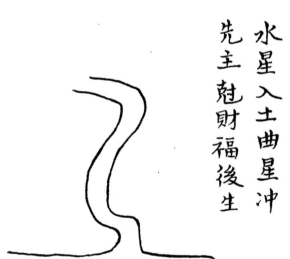

水星入土曲星沖
先主尅財福後生

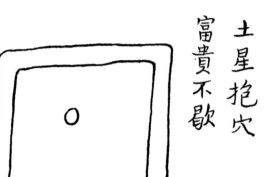

土星抱穴
富貴不歇

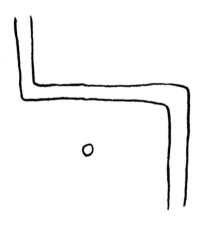

土星右轉來
家富足錢財

土星直去無廻意不久家門退又云一直如舟
不可安雖發貧窮不久年不問東西南北牲
必然逃走不知端

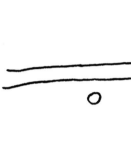

土城反去絕敗身家
貧窮溢乱軍配天涯

右火斜飛水坎宅不為
良有水來救助人口免
瘟瘟火星若焰動公事
損妻房

土城帶火
別離鄉土

外有木人來尅土家
內人辛苦雖然衣食
不求人尝被外人輕

又云直木沖
門人口不存

直木如鎗公事橫殃　又
云水城直冲穴中房必敗
絕前木後木冲軍賊犯刑
凶

正木直行退敗動瘟
斜木不堪為下後主
生離

斜木來出似火飛其中折

穴豈相宜刦盜瘟灾常自

有人離財散各東西

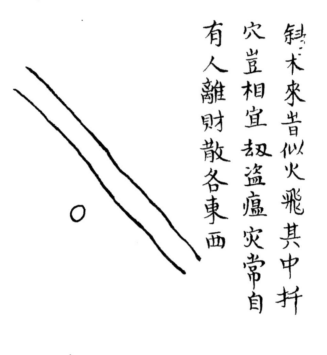

仝上

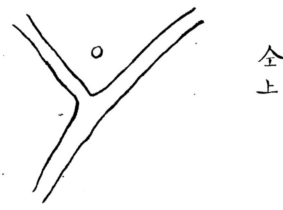

水似木乂瘟絶孤貧
尖砂隨水出子孫做
軍賊

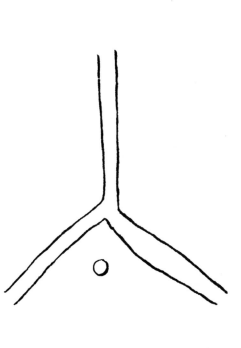

匹火一名犂尖

水城合掌
退盡好田牛

倒火

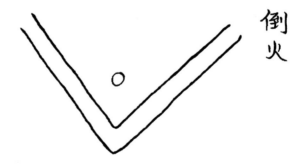

尖火射其身
宮刑絕子孫

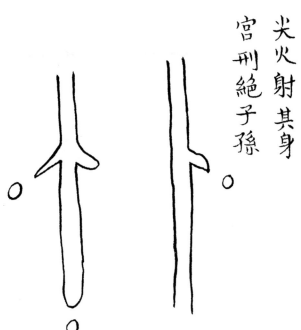

燥火焰々動
老死無人送

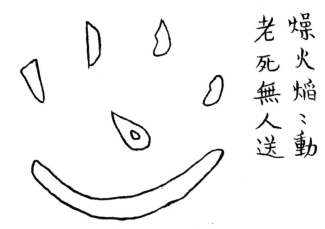

火脚向外飛

走死不能歸

逆木順木官非碌、

換妻寄子退盡田穀

火星屈曲飛無食又無衣.

水城後反弓忤逆各西東

若还如此樣退盡主貧窮

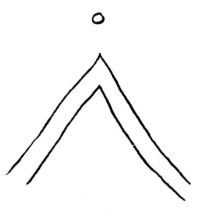

又云火城反去滛乱不良

家貧徒配絶嗣逃鄉

右火斜飛兄偷弟婦

左火斜飛弟偷兄嫂

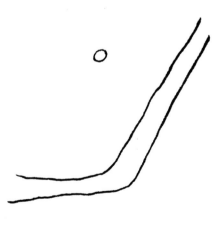

刀鎗之水反射身徒配遠充軍
又云子孫忤逆面前八字水流

右火反飛逃走東西

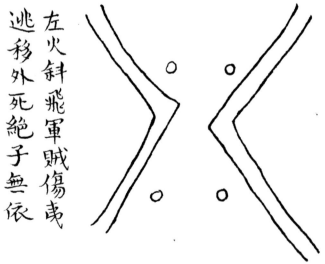

左火斜飛軍賊傷夷
逃移外死絕子無依

論四獸

朱雀之前三水反男盜女淫無
衣飯

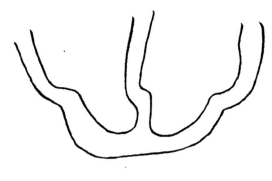

發福久長
定是水纏
玄武

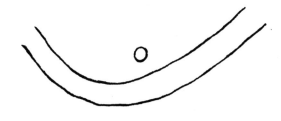

玄武之水有湖池
定宅安坟福禄宜

坟後有水两三抱
為官悠久家長好

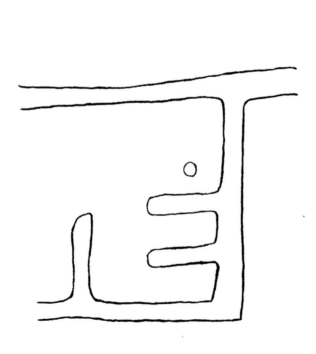

水沖玄武頭枷鎖去為囚
又云前丁後丁主絕人丁

玄武吐舌水風吹
絕嗣官灾少死隨

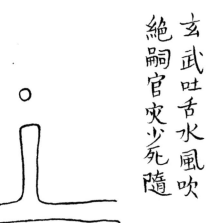

揪裙之水本無情分開兩腳

惹人心

玄武之上
有水沖其
家絕子媳
淫翁

兩邊龍虎灣抱富貴邊到若然

占穴得其方神童定作狀元郎

青龍水轉抱其身
須知此地出官人

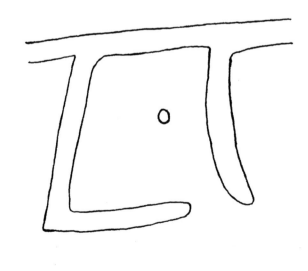

又云水口無山閉先賣爹田地

出賊敗亡凶流配爲邊戍白虎

水如飛不久便逃移

又云有子出家定是

水冲城脚

青龍直走如飛去代:

人難住

水打青龍頭長子

命先憂

白虎啣屍鰍竂無資　　又云右関
少亡絶嗣橫天扛屍　　水為灾陰
　　　　　　　　　　人定損胎

白虎冲腸少子刑傷

青龍吞塚瘋盲炊腫
橫天痴呆離郷絶種

青龍冲腹長子瘋疾

白虎啣屍貧老無兒

青龍吞塚憂惶種二

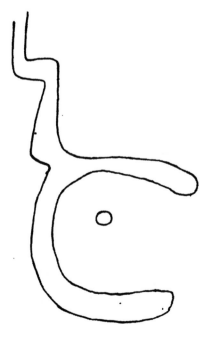

青龍之水抱坟塊
出人富貴不湏憂

青龍之上一源來此地安坆任点裁
更得後河多積水代□兒孫解狀才

青龍抱体足堪誇
其家年少達京華

青龍左轉抱其身
富貴有聲名

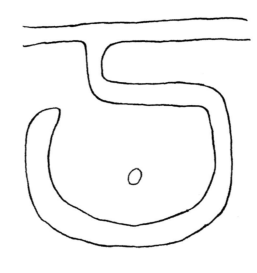

青龍灣轉如牛角
兒孫代三登紫閣

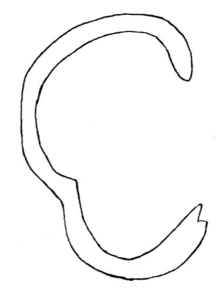

青龍灣抱穴
富貴廣田庄

青龍水似龍富貴比石崇
屈曲門前照子息侍王宮

青龍屈曲抱身來

世三兒孫入帝臺

青龍水反逆子孫無官職

若扦此地誤殺人

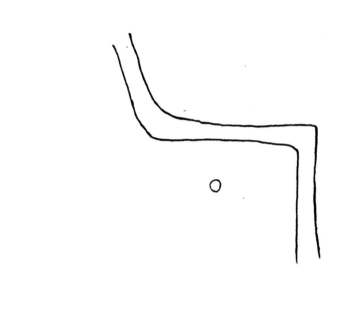

青龍一水如鎗来

長子必凶災

青龍射入子孫傷死
并軍賊

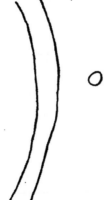

青龍頭上水反飛
家破并人離

青龍水多破下後
生災禍一名金吾
箭主瘋疾破敗

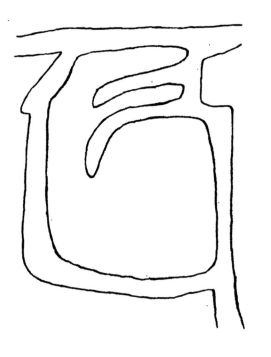

白虎水抱兩三重
兒孫豁福永無窮

白虎位上火地坑

衣食永無憂

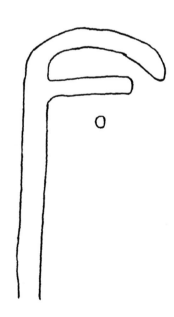

虎水象牙刀

兒孫掛錦袍

白虎繞如帶
代三官不壞

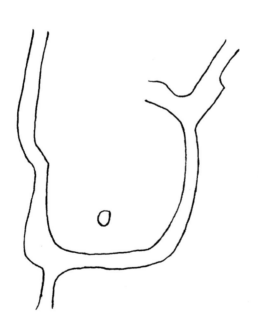

白虎有河尖窩
婦招即賣盡田

白虎一水去如飛子孫
代三主逃移 又出盜

敗闕之水白虎來
瘟火及官災全上

白虎勾來對着坎
子孫為盜又無貧

右邊砂水利如鎗

必定子孫主殺傷

右邊砂水利如鎗

虎口河尖當面至小子賣田地

官事頻頻禍患凶長子橫亡貧

論形局

水見三灣富貴安閒
水若來朝家業自豪

又云貪狼之水面前朝子孫
代代出英豪不問去來併前
後宮居臺閣五雲高

仝上

之玄屈曲應門前
富貴兩薦全

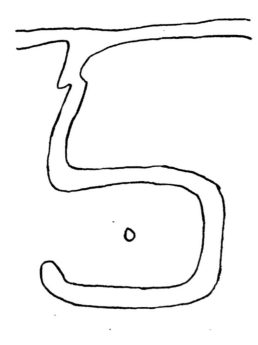

若扦此地官顯朝班

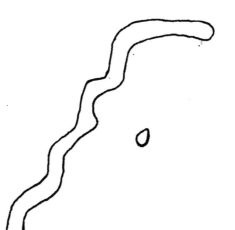

水從左來穴居右

富貴而多壽

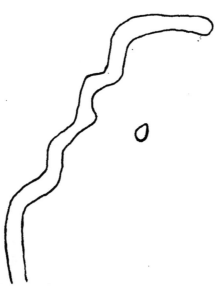

水從右來穴居左

官高居兩府

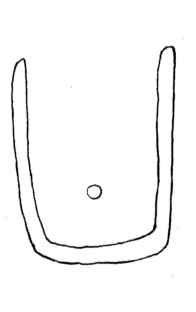

龍虎兩相闘忤逆多凶咎
父子不相親兄弟如寇仇

左右水直无收兒孫必主憂愁
雖然有水後攬定无子息守坟

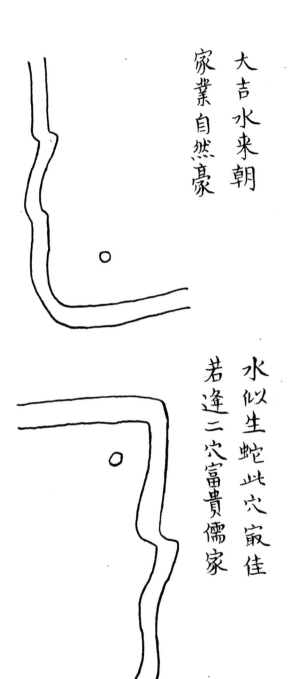

大吉水来朝

家業自然豪

水似生蛇此穴寡佳

若逢二穴富貴儒家

右畔有池塢
富貴永無休

廻龍之水穴居灣
為官不等閒

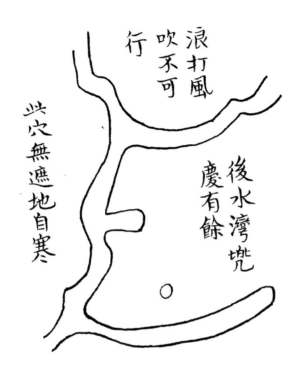

浪打風吹不可行

此穴無遮地自寒

後水灣兜慶有餘

西朝水返歸西去子孫登科第

東朝水返歸東去後代欽名譽

右邊二水抱
家內足金室

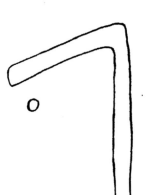

右水若勾身子
息授軍必殺人

冲射

有子出家只爲水冲城脚

面前如華柱子孫離鄉去

二水不宜長

尅土主離鄉

水若沖關孤寡單寒如居前案

人死無棺　又云立前沖之水兩

分流有井當中遙不休

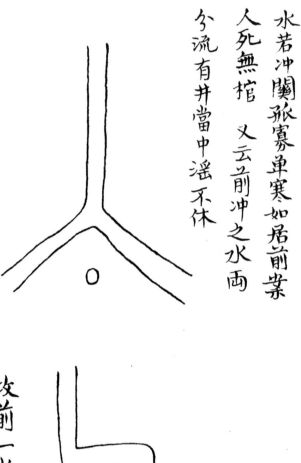

坟前一水直沖穴

下後兒孫必定絶

前面水沖穴

下後子孫絕

後水若冲來暴富出刑災

若居一代後過房絕嗣衰

水冲龍臂湏看來势

平处还可若高不利

高地

有水冲脇来瘋患損人

財左冲殺長右冲殺小

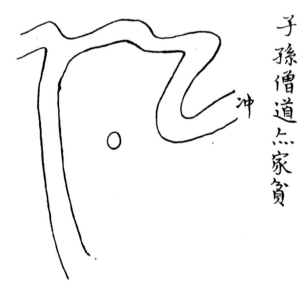

水流灣曲射佳城

子孫僧道点家貧

冲

龍虎分飛父子東　西又云乾
風打艮風吹不久流移定不回

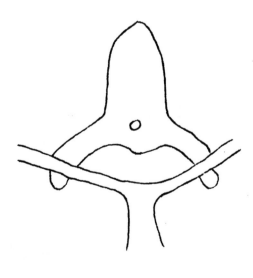

水穿虎眼東西兩畔
更破城門人財星散

左右分張徒配離鄉
朱雀拖嘴官事敗亡

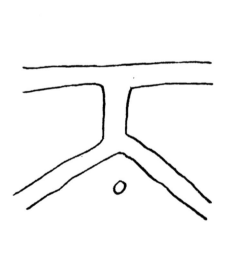

朱雀之水兩分開災禍日又來
又蠱淫亂無男女何須將眼觀

水来生浪如蛇走人倫

敗乱家財有

青龍有水射其身

子孫刑獄主克軍

乾水支流子孫

後休

水向乾流必出賊頭

前砂順水似飛旗
金火相刑誰得知

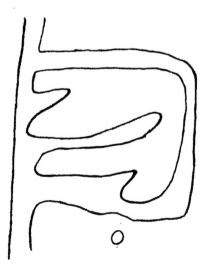

坟前有水不相頋常招
女壻當門戸

長河一水通舟直兩邊不許安坟宅
若有人家安坟宅子孫遊蕩為軍賊

坟後艮水十字河
子孫風疾受災磨

水若廻頭去不歸必定主

分離勢如火燄遭兇死家

業盡成灰

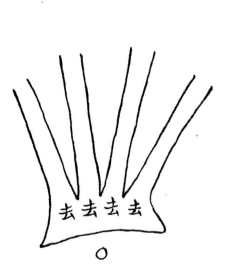

五馬五方馳水散似分屍

明堂若端正臨刑赦放歸

明堂屈曲斜飛水賣盡田園終不起

初末車馬滿門進下後貧窮無鈔使

去去去去

右邊反亢情逃離又亢軍

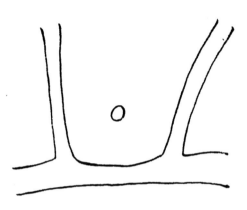

朱雀反弓庀帀張子孫忤逆打爺娘
自弔風声公事起損男損女賣田園

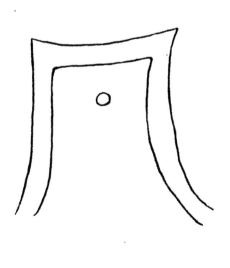

水城怕反弓
逃走主貧窮

後水来走似反弓出入忤逆
各西東若然過此反弓水賣
盡田園無定踪

艮水反不堪言子孫依靠
別人邊

丁字水殘疾即又重女子廣
招客

論異形

團三流水繞墳墓

子孫絕後主分離

乾鎗向巽配在雲南交趾坤鎗向

艮配在遼東巽鎗向乾配在陝西

艮鎗向坤配在廣西

周廻之水繞坟林破敗損金銀

又薰淫乱无家室疾病少精神

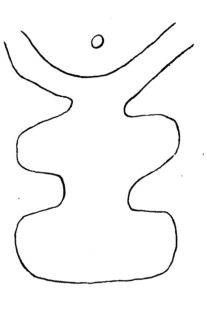

抄佑尨体縱然富貴

怂主克軍

抄佑

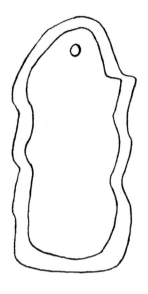

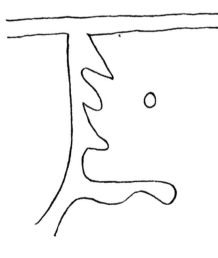

青龙腰上水嵌破家内
常常有灾禍

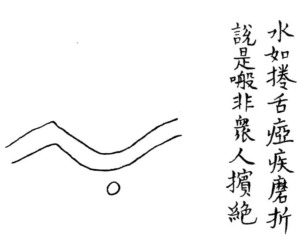

水如捲舌痙疾磨折

說是啵非眾人擯絕

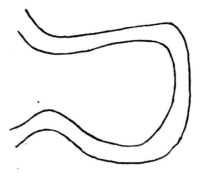

說在別本

金城吉拱繞如龍富
貴不分家

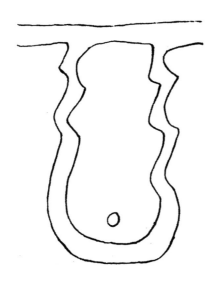

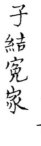

金城凶拱如蛇橫逆
子結冤家

乾坤艮巽為四門一風
吹入一家貧

水路主人家業
波查

水中有地葫芦形

毒藥主傷人

武官旗水交劍

長流

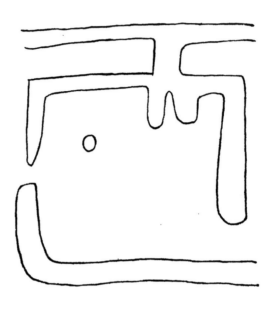

前兜後抱穴居中兜
孫黄甲位三公

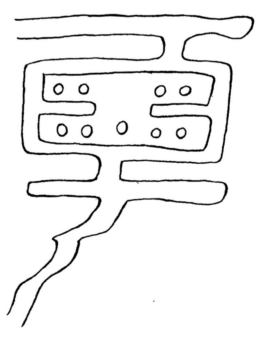

屈曲盤旋富貴綿、

屈曲如弓義門和順
富貴声名奕世隆盛

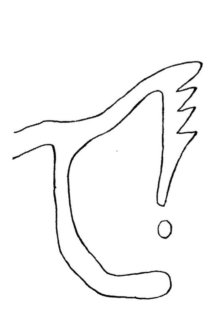

朱雀破頭
事三憂愁

火入金城帶劍名砂水兩相刑

葬後兒孫終不顯边遠去死軍

屍鎗射穴刑獄充軍

逃亡橫死絕嗣無人

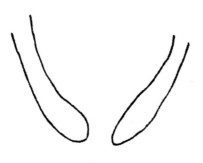

又云先發財後大凶

右邊若見了人水此地窮无比

有一边无一边衣食終須不久退

左边若見了人水孤兒寡婦

出其家

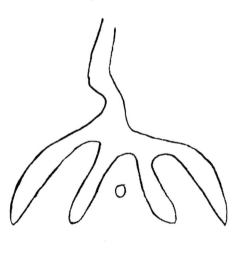

反　斜有水如鵞膝其家終逼

火入金城兩相戰葬後其家終不顯
功名或是出旗鎗後代兒孫必陣亡

裹頭城裡莫安攻

叔腳東西動

火瘟疑是真龙求

發福到頭終

久敗兒孫

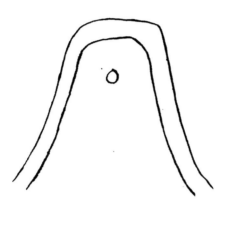

水脚兩分流

其家一旦休

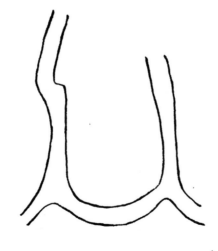

坟前之水兮八字
其家定出忤逆子

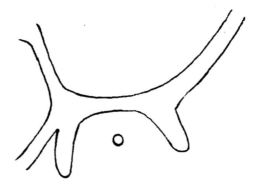

後有水拖鎗少亡淫亂娼
軍賊遭刑戮二代絕人殃

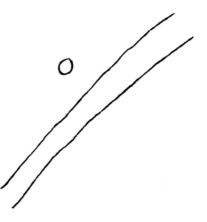

裹頭之水氣無餘向前安塚實非
宜縱使暫時能一發為人量窄又无
兒

水城怕過割下后鎗刀剜
絶嗣又逃亡當師莫去覓

明堂若見三摺水為官必定

到三公正對前朝明印案弟

兄必定世恩榮

論象形

水城屈曲似飛龍

代:遇恩榮

絕

来势曲如尨
富貴永无穷

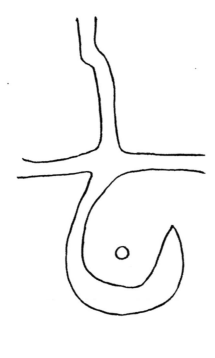

曲水如尨至金鈎玄又玄
有人扦此地及第必争先

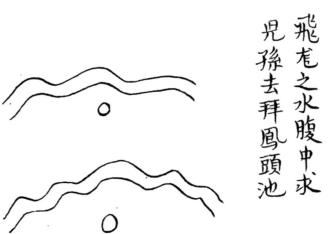

飛龍之水腹中求
兒孫去拜鳳頭池

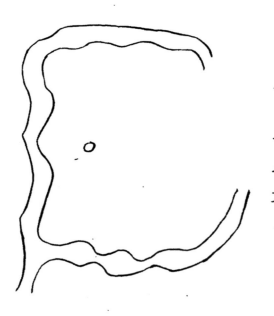

屈曲如龍首尾朝迎
腹中作穴封拜功名

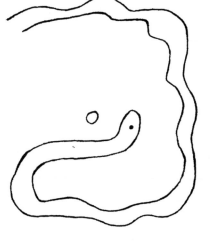

仝前

金蛇势难識下後大官出
又名笑天龙

飛龍之水最難逢三之
必定出三公

舞鳳之水后妃尊貴
男作三公少年及第

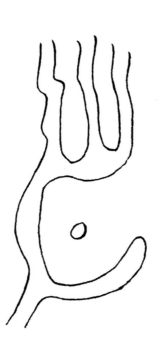

二龍相會号雌雄富
貴出三公

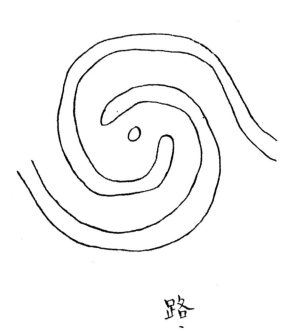

路

水朝回去又纏身家內出豪英
更有路朝生旺地官顯在朝廷

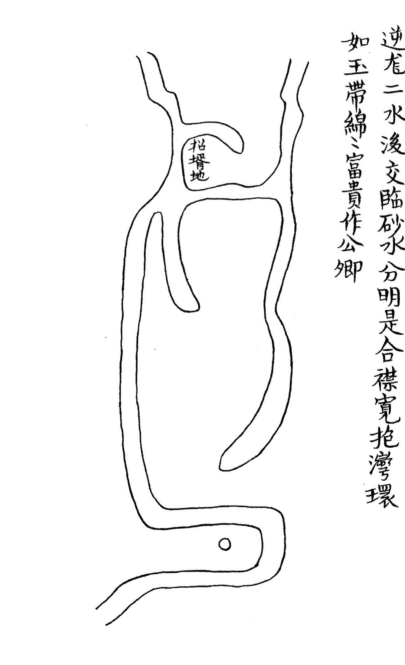

招壻地

逆龍二水後交臨砂水分明是合襟寬抱灣環

如玉帶綿綿富貴作公卿

一重路抱一重城金水重三案面
門若得穴中丹色墨裹代三英豪
達帝京

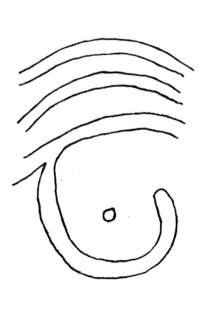

蟠龍之水前後攬庄田千萬富无休
面前更得二龍水兒孫代三盡爵公侯

公庚　蟠亳之水後頭塊代三作

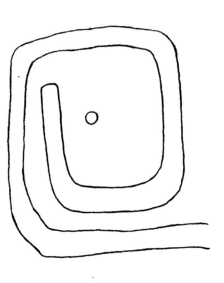

人丁　左轉金勾形富貴旺

右轉金勾形富貴
有声名

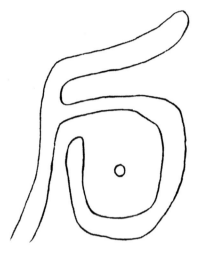

水似玉勾官為知州

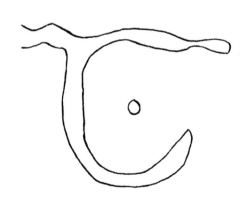

扦此富貴声名
取藤之水節三有情若能

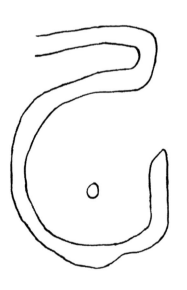

无敵
左轉金勾貴而

金勾左轉足金銀
朶應三台出貴人

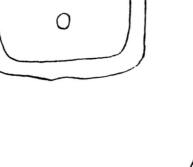

活龍來勢作三台秀水前朝対
面來若見有人扞此地為官代三
作烏臺

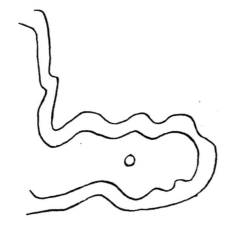

乙字水形身家
出大朝臣

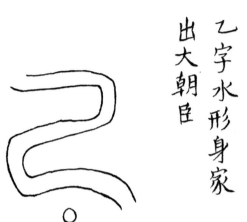

仝上

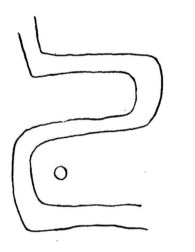

之字合襟之字流知州

知府出无休

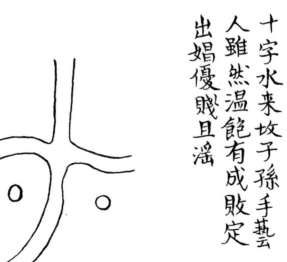

池瑤

十字水来坎子孫手藝

人雖然溫飽有成敗定

出娼優賤且淫

十字水流後與前廿字井字

總一般此為市井人多住君

独一家不可安

此穴分明結作真只恐時人不識荆

若遇明師点真穴富貴双金四海名

吉D

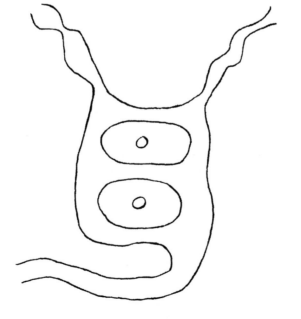

三十年前走道途不曾下得

仰天湖若也有人扦此地兒

孫衣紫達皇都

仝上

仙人神足形
定出及第人

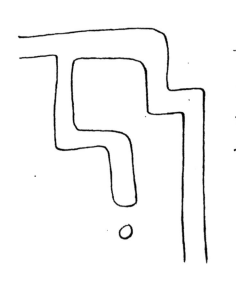

水如曲尺路似尺世代
人三少衣食

双毡格

左右双毡入穴来

兄弟高名達帝臺

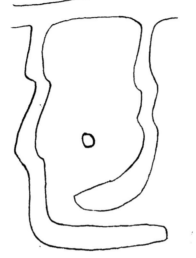

雌雄並出水全流去了又囬頭

兄弟一門皆第及代三位公侯

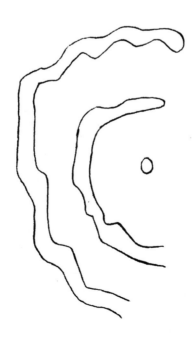

二水会龍頭出貴兒孫

定折月中枝

葵龍腹案龍腸吉宿加臨貴復昌

葵龍尾案龍足歌舞燈前主巫祝

穴尾

穴腹

穴腸

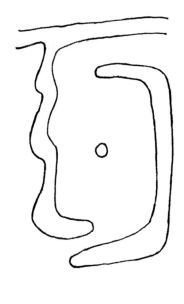

雌雄相喜天地交通
陰陽得位定出三公

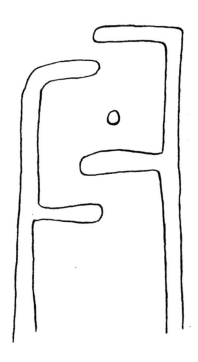

雌雄交度出聚天心
安邦定國四海知名

砂水纏流荷葉地却如架上金盤形
若然点作幞頭穴富貴兒孫朝内人

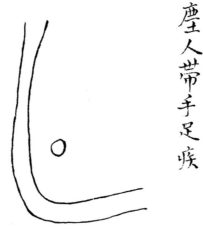

此水名鷺膝子孫
定忤逆射物化為
塵人帶手足疾

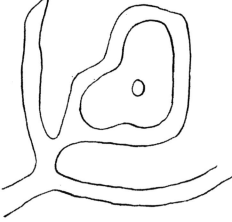

僕頭地執笏水子孫

及第作翰史

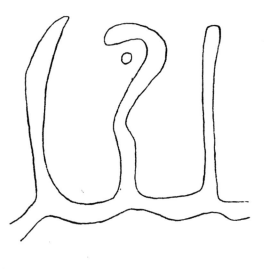

右水似筆頭小子貴無休

左水似笏圭長房中元魁

左水如笏其官綿〻

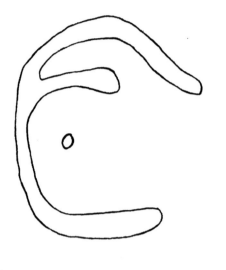

左水似筆頭家主進田牛

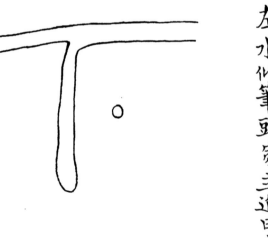

二水合門前家富
出名賢

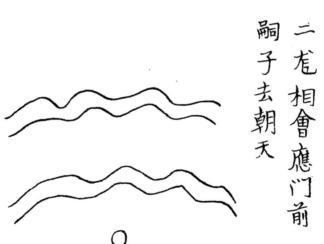

二龍相會應門前
嗣子去朝天

右邊二水抱家內
足金宝

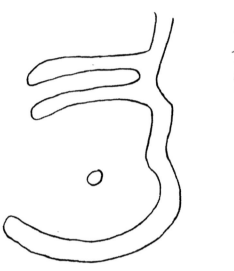

二水後頭塊代二
入皇州

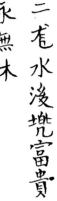

二龍水浚塊富貴
永無休

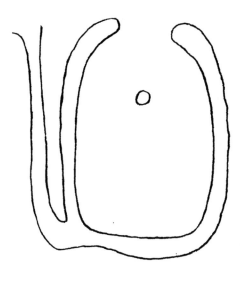

二龍相會浚頭塊坟宅扞之永不憂
男女不耕金穀富兒孫早到鳳池頭

三水團龍勢葵出
公卿士

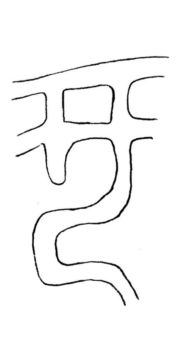

逆三四水入朝堂直冲直射不相當
若還屈曲水回頭貴上金皆粟萬倉

二水布边出不孝
無多疾

雜論 池沼格
前逢池沼永為
富貴之家

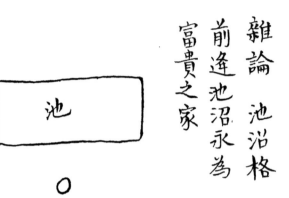

東浜深百尺西住有千粮

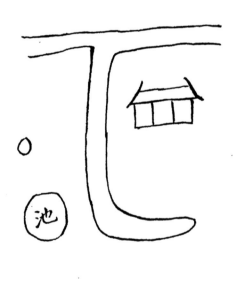

宅後有塘亦是

入財之地

右邊池水應門前抱穴

富庄田

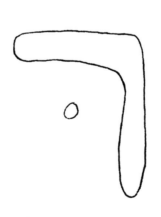

坟後有井患心疼

双目損兒孫

坟前水内一蛾眉水來水去過蛾眉

家中女子随人走更全僧道有情私

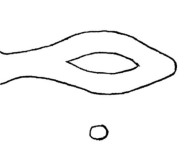

門前橋冲少死横亡
疾病鰥寡人口過房

此係住衰敗之氣故耳若
當旺運反能發福

右有橋冲滔敗絕宗

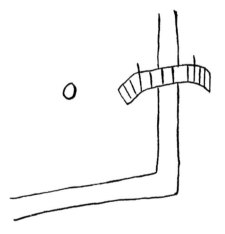

前有橫淯多生
足疾難瘳

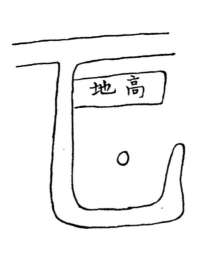

朱雀一垅地此穴樂安然
更有後河塝富貴且清閒

前山如木杓
媳婦抱公脚

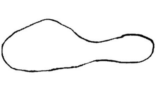

鵝公頸鴨公頭女兒
媳婦上秦樓

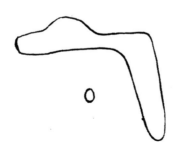

水龍經卷之二終